二战风云
震撼博览

史诗巨著
全彩呈现

日落激流

第二次世界大战太平洋战事

胡元斌 严 锴 主编

台海出版社

前言 PREFACE

1937年7月7日，驻华日军在卢沟桥悍然向中国守军开炮射击，炮轰宛平城，制造了震惊中外的"七七事变"，中国的抗日战争全面爆发。1939年9月1日，德国入侵波兰，第二次世界大战正式开始。1945年9月2日，日本签署投降书，第二次世界大战宣告结束。

这是人类社会有史以来规模最大、伤亡最惨重、造成破坏最大的全球性战争，也是关系人类命运的大决战。这场由德、意、日法西斯国家的纳粹分子发动的战争席卷全球，世界当时人口总数的80%20亿人口受到波及。这次世界大战把全人类分成了两方，由美国、苏联、中国、英国、法国等国组成的反法西斯同盟国与由德国、日本、意大利等国组成的法西斯轴心国，进行对垒决战。全世界的人民被拖进了战争的深渊，迄今为止这是人类文明史上绝无仅有的浩劫和灾难。

在这场大战中，交战双方投入的兵力和武器之多、战场波及范围之广、作战样式之新、造成的损失之大、产生的影响之深远都是前所未有的，创造了许多个历史之最。

第二次世界大战的胜利具有伟大的历史意义。我们历史地、辩证地看待这段人类惨痛历史，可以说，第二次世界大战的爆发给人类造成了巨大灾难，使人类文明惨遭浩劫，但同时，第二次世界大战的胜利，也开创了人类

历史的新纪元，给战后世界带来了广泛而深远的影响。促进了世界进入力量制衡的相对和平时期；促进了一些殖民地国家的民族解放；促进了许多社会主义国家的诞生；促进了资本主义国家的经济、政治和社会改革；促进了世界科学技术的进步；促进了军事科技和理论的进步；促进了人类认识史上的一场伟大革命；促进了世界人民对和平的深刻认识。

第二次世界大战的胜利也是世界人民反法西斯战争的胜利，成为20世纪人类历史的一个重大转折，它结束了一个战争和动荡的旧时期，迎来了一个和平与发展的新阶段。我们回首历史，不应忘记战争给我们带来的破坏和灾难，以及世界各个国家和人民为胜利所付出的沉重代价。我们应当认真吸取这次大战的历史经验教训，为防止新的世界大战发生，维护世界持久和平，不断推动人类社会进步而英勇奋斗。

这就是我们编撰《第二次世界大战纵横录》的初衷。该书综合国内外的最新研究成果和最新解密资料，在有关部门和专家的指导下，以第二次世界大战的历史进程为线索，贯穿了第二次世界大战的主要历史时期、主要战场战役和主要军政人物，全景式展现了第二次世界大战的恢宏画卷。

该书主要包括战史、战场、战役、战将和战事等内容，时空纵横，气势磅礴，史事详尽，图文并茂，具有较强的历史性、资料性、权威性和真实性，非常有阅读和收藏价值。

目录 CONTENTS

日落激流

第二次世界大战太平洋战事

偷袭珍珠港

　　1941年11月26日，日本海军一支由6艘航空母舰、2艘战列舰、3艘巡洋舰和9艘驱逐舰组成的编队，从千岛群岛启航东进，向美国太平洋舰队的主要基地珍珠港逼近。12月7日清晨，日本海军的航空母舰舰载飞机和袖珍潜艇向珍珠港发动突然袭击。经过两个多小时的袭击，摧毁美国飞机188架、战舰18艘，毙伤3500余人；日本编队共损失飞机29架、袖珍潜艇5艘。

日本舰队
奇袭美国军港

日本军国主义者在1937年制造了卢沟桥事变后，展开了全面侵华战争。在很短时间内占领了中国华北、华中和华南大片领土，妄图把中国大陆作为其北进苏联、南下东南亚及西南太平洋地区的基地，进而实现其"大东亚共荣圈"的美梦。

但由于中国军民奋力抗战，使日本侵略军深陷于中日战争的泥潭而不能自拔。同时，北进苏联的两次作战行动受挫，使日本深感同时实施"北进""南进"计划力不从心。于是，决定利用英法忙于欧洲战事、暂时顾不上亚洲的有利时机，转而采取南攻北守的战略方针。

1941年6月22日苏德战争的爆发，进一步解除了日本"南进"的后顾之忧。日本大本营于7月初召开御前会议，分析了形势，制订了计划：

> 决心在年初侵占法属印度支那的基础上，进一步扩大在东南亚的进攻行动，同时发动太平洋战争。

由于日本的南下进攻行动直接威胁到美国在太平洋的利益和特权，美国政府采取了一些经济制裁措施，如冻结日在美国的资产、实行全面石油禁运等。这样，日美矛盾就日益尖锐起来。

美国为了保卫其在亚洲及太平洋地区的既得利益，以夏威夷群岛的珍珠港为主要基地，组建了一支上百艘战舰的庞大舰队。

夏威夷群岛位于太平洋的中北部，由夏威夷岛、毛伊岛、莫洛凯岛和瓦

胡岛等20多个岛屿组成，首府檀香山。

珍珠港就位于瓦胡岛南部，是太平洋上交通的总枢纽，素有"太平洋心脏"之称。这里设有美国在太平洋地区的最大海军基地，它与关岛、马尼拉湾呈锥子形，指向西太平洋，是日本"南进"行动的主要障碍。

1941年12月7日（夏威夷时间），这天是星期日。与烽火连天的欧洲、非洲、亚洲大部分地区相比，位于太平洋上的夏威夷群岛却是一派和平景象。

美国太平洋舰队的大部分战舰，静静地停泊在瓦胡岛南岸的珍珠港。海浪轻轻地摇晃着战舰，几只海鸥在战舰的上空嬉戏，广播电台播放的流行音乐与教堂发出的柔和钟声一起在空中回荡。

度过一个愉快欢乐的周末之后，舰队官兵们还沉浸在甜蜜的梦乡之中。

东方的太阳冉冉升起，183架标有太阳旗符号的日军飞机正携带着炸弹给他们道"早安"来了！

"该吃饭了，怎么送早餐的卡车还没有来？"关上雷达准备吃饭的标图员埃利奥特向与他一起值班的二等兵洛克哈德发起了牢骚，洛克哈德双手一摊，耸了耸双肩，做出一副无可奉告的样子。

该雷达站设在瓦胡岛的奥帕纳山头上，这是美国陆军设置在该岛上的5座移动式雷达站中最北端的一个。

闲着没事，埃利奥特随手又打开了雷达。突然，他发现雷达屏上闪现出一堆堆光点。

"莫非是机器出了故障？"二等兵洛克哈德慌忙检查，确认机器没有毛病后，两人急忙标出了这些光点的方位：北3度偏东，距离该岛220千米。"一个庞大的机群正向我们飞来。"他们向谢夫堡陆军总部做了紧急报告。

"知道了。"值班的泰勒中尉不以为然地告诉这两个大惊小怪的士兵，"别担心这件事。"

他知道，计划中有一批从美国西海岸转场来的B-17轰炸机群将飞经此地。"雷达屏上的信号脉冲不是它们，还能是谁？"

早晨7时39分，由渊田中佐率领的日军偷袭珍珠港的机群已经飞抵距离瓦

胡岛仅3500米的空域。机群中有渊田中佐率领的高空轰炸机、高桥少佐率领的俯冲轰炸机、村田少佐率领的鱼雷机及部分护航战斗机等。

马上就要实施攻击了，可是气象条件还不清楚。渊田睁大眼睛观察前方，试图能作出准确的判断。使他惊喜万分的是，机舱无线电里此时正好传出了当地广播电台的气象预告："晴到多云，云底高3500米，北风……"

10分钟后，机群进入攻击区域。风景秀丽的珍珠港清晰地映入了渊田的眼帘，那停泊在港湾内的一艘艘战列舰就像一只只温柔的兔子，即将成为他这只"老鹰"的美餐！

"1，2，3……"他借助望远镜饶有兴致地数着战列舰，不多不少正好8艘。"'菜'齐了，还等什么？"渊田向他的发报员水木发出命令，"立即通知所有飞机，准备攻击！"

　　"托、托、托、托、托！"（意为"冲锋"）发报员那灵巧的手指不断敲击着发报机的电键，反复拍发着这个使日军飞行员激动不已的信号。

　　与此同时，渊田打出了一颗信号弹，催促着日军飞行员迅速扑向预定目标。

　　此时，停泊在港湾内的军舰没有一艘起锚，空中没有一架前来截击的战机，甚至连一声警报都没有。回荡在空中的，依然是广播电台播送的流行爵士音乐……

　　渊田大喜过望，他觉得自己胜券在握，还没进攻就激动地命令他的发报员："立即向舰队报告，我奇袭成功。"

　　"托拉、托拉、托拉……"（意为"虎、虎、虎"）随着水木手指的不停按动，这一预先约定的"奇袭成功"的信号迅速传到了日军联合舰队司令

停泊在军港的战列舰

部。

此刻，日军联合舰队司令海军大将山本五十六大将正在距离作战区域5000公里外的司令部里与他的参谋长下棋。机要秘书喜形于色地呈上这份电报，没想到山本却轻轻地叹了一口气，一语不发，继续下他的棋。

7时55分，由高桥率领的51架俯冲轰炸机，分别飞抵珍珠港四周的希卡姆机场、惠列尔机场、埃瓦机场和卡内欧黑机场上空。

一排排美式战斗机和轰炸机，一架挨着一架，整整齐齐地排列在停机坪上，似乎在等着远方"客人"的"检阅"。

一枚枚重磅炸弹从日军俯冲轰炸机的弹舱里倾泻而下，随着一道道火光，响起阵阵巨大的爆炸声，高大的烟柱腾空而起。在弥漫的硝烟中，几百架美国飞机瞬时变成了一堆废铁。高桥从空中俯瞰着他的"杰作"，喜不自胜地哼起了日本的民间小调。

然而，担任总指挥的渊田却大惊失色。原来，按照预定方案，应由村田率领的40架鱼雷机先行攻击海面上的舰艇，然后高桥再对机场下手。因为机场的硝烟一旦弥漫开来，将遮住海面上的舰艇，鱼雷机就难以准确地攻击目标了。

"必须加快对美舰的攻击！"渊田赶紧命令村田率领鱼雷机群取捷径立即对舰艇实施攻击，同时他亲率49架高空水平轰炸机迅速占据最佳投弹位置。

此刻，停泊在珍珠港内的美国太平洋舰队的96艘舰艇正准备按惯例于8时整举行升旗仪式。在排水量达29000吨的"内华达号"战列舰的尾甲板上，麦克米伦指挥的军乐队已经整好队形。

此时，他们中的许多人显然注意到了黑压压的机群和附近机场传来的隆隆爆炸声。可是，他们都以为这是一次特别演习。

正在家里进早餐的珍珠港空军基地指挥官克拉克也从窗口看到了低空直转弯进港的飞机，然而他根本没想到会是日军的飞机。

他的第一个反应是，要对这些违反"禁止在此空域直转弯飞行"规定的

飞行员进行处分。

这时，日军飞机已经盯上了它的主要"猎物"——排水量均在30000吨左右的8艘美军战列舰。

村田率领的鱼雷机群几乎贴着海面呼啸而来，一枚枚鱼雷从仅12米高的空中像海豚似的窜入大海，冲向目标。

渊田指挥的高空水平轰炸机群也张牙舞爪地在战列舰头顶上盘旋，疯狂地投弹、扫射。

正在麦克拉帕山腰的别墅门前等车、欲往司令部了解反潜战情况的太平洋舰队司令金梅尔上将，被战舰爆炸的巨大气浪冲撞在门柱上，才如梦初醒。

一份十万火急的特急电报从太平洋舰队司令部匆匆发出："珍珠港遭到空袭，这不是演习！"此时，已是上午8时整。

美国海军"内华达号"战列舰的舰旗，正随着由麦克米伦指挥的军乐队演奏的美国国歌徐徐升起。

日军一架鱼雷机擦着旗杆呼啸而过，用一排机关炮将舰旗撕成碎片，同时向停泊在"内华达号"外侧的排水量34000吨的"亚利桑那号"战列舰施放了鱼雷。

"亚利桑那号"战列舰刚刚升起紧急起航的信号旗，便受到了致命的一击。一枚穿甲弹穿透了舰首的钢甲板，引起弹药舱爆炸。接二连三的爆炸如爆发的火山，火柱高达1000多米，浓烟翻滚。

熊熊燃烧着的军舰慢慢地歪倒在海水之中，仅仅过了几分钟，庞大的舰体连同舰上的1100名官兵便沉没在滔滔的大海之中。

另外两枚鱼雷击中了位于战列舰群最外侧的"俄克拉荷马号"战列舰左舷。该舰舰长和许多高级军官都在岸上，舰上的官兵在惊恐中不知如何是好。

日军鱼雷机群似乎对这艘战舰格外"关照"，一连又向它的左舷发射了10枚鱼雷。随着巨大的爆炸声，舰体顷刻向左严重倾斜，几乎翻了过去。甲板上的官兵拼命逃往旁边的"马里兰号"战列舰，但更多的人却在密闭的舰舱里随舰慢慢地下沉。

指挥高空水平轰炸机群的渊田似乎还嫌它下沉得太慢，又迅疾投下数枚炸弹，"俄克拉荷马号"战列舰很快葬身海底。当舰舱里的官兵明白死神的召唤已经不可阻挡时，纷纷用笔写下了自己的遗书。直至后来该舰被打捞上来时，人们才知道在密闭的舰舱里遇难的官兵有415人，坚持时间最长的人在海底活了17天，直至12月25日才全部牺牲。

渊田感到还不过瘾，又指挥他的机群猛烈轰炸"马里兰号"等其他战列舰。他发现自己投下的4枚炸弹中有两枚直接命中目标，舰面上火光四射，溅起高高的水柱又重重地落在甲板上。躲闪不及的水手们狼狈不堪地摔倒在地，一时晕头转向。

8时25分，渊田率领的机群结束了历时半小时的第一次攻击波，扬长而去。通过联络，渊田得知自己的机群比来的时候只少了9架飞机。

震耳欲聋、地动山摇的爆炸声远去了，留下的是一幅静静的、悲惨的画面……

美"俄克拉荷马号"是在珍珠港被击沉的战列舰之一

美丽恬静的珍珠港，成了一片火的海洋、烟的世界。湛蓝清澈的海水变成了黑红色，数以百计的尸体七零八落地漂浮在海面上。

被炸毁的战列舰东倒西歪地斜躺在海面上，舰上的伤员呻吟着、痛哭着，既为自己，也为已经长眠于海底的战舰和战友。在日军飞机攻击时不知去向的海鸥，此时却在空中盘旋着、鸣叫着，好像是在向曾经的水手朋友们致哀。

然而，就是这样悲哀的平静，也仅仅延续了十多分钟。

由81架俯冲轰炸机、54架高空水平轰炸机和36架战斗机，共171架飞机组成的日军第二次攻击机群，又呼啸着飞抵珍珠港上空。

这次，日军企图把港内所有的舰艇斩尽杀绝。

在第一次攻击中受伤的"内华达号"战列舰正仓皇逃至港口，正好成为日军飞机集中攻击的目标。

在近似"地毯式"的轮番轰炸中，该舰身中6枚炸弹，舰尾开始下沉。为了不致沉没堵塞航道，舰长下令全速向左边海滩前进，在那里等待死亡。

停泊在"内华达号"附近浮动码头的"肖号"驱逐舰，被倾泻而下的炸弹炸掉了舰首指挥舱，大批燃料溢出，火势迅速蔓延，引起船坞里另两艘驱逐舰的弹药库爆炸，巨大的冲击波甚至掀翻了几十米开外的小艇。

担任护航任务的36架日军战斗机，不能像第一次攻击时那样在空中优哉游哉了。美军高射炮组成了一道空中防御火网。少量幸存的美陆军战斗机强行从被破坏的惠列尔机场起飞迎敌，在寡不敌众的情况下，仍然击落了日军10多架飞机。

打红了眼的日本战斗机飞行员疯狂地在空中寻找新的"猎物"，尽管他们知道，已经不大可能还会有美军飞机从珍珠港的机场起飞。没想到的是，"猎物"竟自己从远方送上门来了。

当日军飞机第一次攻击时，值班的泰勒中尉误将日机认为是美军转场的12架B-17轰炸机。此刻，这些轰炸机却真的从美国西海岸飞抵珍珠港上空。

与此同时，从返航的"企业号"航空母舰上起飞的18架美国海军陆战队

"无畏式"俯冲轰炸机也不约而同地赶到这里。但是，它们缺乏空中格斗的手段，而且所剩的汽油不多，根本不是日军战斗机的对手，只好赶快降落。

可悲的是，同样打红了眼的美军高射炮，根本想不到空中还会有自己的飞机。于是，这些像没头苍蝇似的好不容易逃过了日军飞机魔掌的美军飞机，却成了自家高射炮的靶子。

从8时55分至9时45分，持续近一个小时的第二次攻击波，如同在美军已经重创的伤口上又撒了厚厚的一层盐，令美太平洋舰队司令金梅尔上将痛苦不已。

这位上个星期还几乎每天都在对部属们讲解"美日开战24小时内应如何应付"的将军，此刻大脑是一片空白，留下的只是1941年12月7日这一奇耻大辱日子的悲哀记忆。

在日本不宣而战的偷袭面前，美太平洋舰队毁伤各种舰艇40余艘，其中作为主力的港内8艘战列舰被击沉5艘，重创3艘，全部失去了战斗力，还有近10艘巡洋舰被击沉或重创。另外，有347架飞机被炸毁或击伤。美军官兵共伤亡3500余人，其中一半以上当场毙命。

这一损失，超过了美国在第一次世界大战中所受损失的总和，而日军方才损失了29架飞机和5艘配合作战的袖珍潜艇。

金梅尔海军上将唯一感到庆幸的是，舰队的3艘航空母舰正外出执行任务，逃过了这次劫难。

在日本联合舰队司令部旗舰"长门号"上，兴奋得满脸通红的一个日军参谋，像背书似的报告着上述战果。

山本五十六仔细地听完报告，虽然表面不像他的部属们那么喜形于色，但其内心同样激动不已，他一年来绞尽脑汁的梦想终于实现。

山本五十六
拟定作战计划

　　1941年1月7日，同样是在日本海军联合舰队旗舰40000吨级的战列舰"长门号"上，司令官山本五十六拟订了一份袭击珍珠港的作战方案。对山本来说，偷袭珍珠港是酝酿已久的计划了。

　　山本五十六生于1884年4月4日，这年他的父亲刚好56岁，故此得名"五十六"。其父本姓高野，是日本新潟县长冈的一个武士。

　　1901年，高野五十六以第二名的优异成绩考入江田岛海军军官学校。1904年刚毕业即以少尉候补生的身份参加日俄战争中的对马海战，并在海战中失去了左手的食指和无名指。海战的胜利使他对当时的联合舰队司令东乡平八郎十分崇拜，立志要像东乡那样建功立业。

　　1914年至1916年，高野五十六在日本海军大学深造。1916年经牧野忠笃子爵介绍，高野五十六过继到长冈的武士贵族山本家，此后改姓山本。1919年至1921年，赴美国哈佛大学攻读英语，并选修燃油专业。回国后在海军大学任教官。

　　1923年，奉命前往欧美考察各国海军，在旅欧途中，曾到赌场一展他的高超赌技，使他成为有史以来第二个因赌技太高而被著名的摩洛哥赌场谢绝入场的人。山本酷爱赌博，他赌博的格言是要么大赢，要么大输。这一点对他的军事思想也有着重大影响。偷袭珍珠港，似乎就是赌场上孤注一掷的赌徒在军事领域中的疯狂一搏。

　　1925年，山本五十六出任日本驻美国大使馆海军武官。由于日本在日俄战争后就将美国视为潜在的最大敌人，所以这一职位的人选通常是由海军中

最有前途的优秀军官来担任，以使他们能对美国有一个比较感性和客观的了解。1928年回国后，山本五十六历任巡洋舰舰长、航空母舰舰长、海军航空本部技术部长、第一航空战队司令、海军航空本部部长、海军省次官。最后于1939年8月升任联合舰队司令，1940年晋升为海军大将。

山本曾数次赴美，或求学，或考察，或任职，因此对美国的经济和军事有着极为深刻的了解。他曾在美国哈佛大学就读并在华盛顿工作过两年，深知美国强大的综合国力和海军的实力，因此一度竭力反对同美交战。

然而，随着法西斯德国闪击波兰，第二次世界大战爆发后，日本的扩张野心也膨胀起来，不仅中国、朝鲜，包括东南亚甚至澳大利亚和西南太平洋所有岛屿都被日本划进了"大东亚共荣圈"里。南线作战势在必行，而不拔除美国太平洋舰队这个"眼中钉"，就难以施展手脚。

自诩为"以身作御盾，忠心为天皇，名誉何所惜，生命亦可抛"的山本，违心地然而又是认真地开始设想对美夏威夷作战方略。

1940年3月的一个飞行日，新研制的"九七式"鱼雷机从航空母舰上起飞，轮番进行攻击训练。眼看一艘艘战舰防不胜防地被击中，前来视察的山本若有所思地点了点头："我们为什么不能用飞机进攻夏威夷呢？"他对身旁的福留繁少将参谋长说。

参谋长听了一惊，心想，夏威夷距离日本约两个星期的航程，庞大的舰队在航行途中能不走漏风声吗？一旦暴露意图，舰载飞机怎么能达成偷袭目的呢？但这位参谋长在他敬畏的首长面前，什么疑问都没敢提。

一则关于"塔兰托事件"的报道进一步坚定了山本的决心。1940年11月11日夜晚，英国地中海舰队司令坎宁安上将率领所属空军，向意大利塔兰托港内的海军基地发起了代号为"判决"的袭击。20架鱼雷机和8架轰炸机在4架飞机照明和导航下，分两批攻击了停泊在塔兰托港内的意大利海军舰艇，取得了辉煌的战果，有3艘战列舰和2艘巡洋舰被打瘫痪，还有1艘担任补给任务的商务舰遭到重创。

几乎全世界的报纸都在显要位置报道了这一划时代的军事行动。因为在

世界海战史上，用飞机施放鱼雷实施成功的袭击还是第一次。

当山本从《朝日新闻》读到这篇题为"主力舰大半损伤，英公布轰炸意舰队战果"的报道时，眼睛顿时一亮。他吩咐手下迅速收集有关资料，开始加快袭击夏威夷的构想。然而，夏威夷毕竟不是塔兰托。

山本苦思冥想近两个月，在1941年元旦刚过不久，才以书面形式向海军大臣郑重陈述其奇袭方案。方案指出：

> 要有在开战之初就决一胜败之思想准备，开战之初就猛攻猛打，摧毁敌主力舰队，使美国海军和人民的士气沮丧到不可挽回的地步。

方案设想了三种情况，其中第一种最理想的情况就是：

> 敌主力舰队的大部分停泊在珍珠港内，用飞机编队将其彻底击沉并封闭该港。

日本联合舰队司令官山本五十六

这一天才而又冒险的计划，能顺利付诸实施吗？山本写完长达9页的《对战争准备的看法》最后一个字，心里也没有把握。

自从第一次世界大战后，美日矛盾就不断激化。1937年7月7日，日本发动了全面侵华战争，严重损害了英美在华的政治、经济利益。

1939年9月27日，德、意、日签订《三国轴心同盟》。美国随即宣布：1940年1月26日到期的《日美通商航海条约》将不再续约。

1940年5月，美国总统罗斯福命令结束年度例行演习的太平洋舰队不返回美国西海岸，而是进驻珍珠港，对日实施威慑。

1941年7月24日，日军在印度支那南部登陆。美国立即中断同日本的秘密谈判，并于7月26日宣布中止美日贸易，冻结日本在美国的所有资产。

8月1日，美国又宣布对日本实施全面石油禁运。这对于资源极为缺乏的日本而言，无疑是致命的。

为了获得荷属东印度的年产量800万吨石油的油田，为了获得南洋占世界年产量78％的橡胶，占世界年产量67％的锡，以及铁、铝、大米等资源，日本决意一战。

山本的偷袭珍珠港计划也一步步酝酿成熟。

早在1926年，山本任驻美海军武官时，曾读到英国海军专家拜沃特所著《大太平洋战争》，书中描述了以舰载机袭击珍珠港内锚泊军舰的情节，虽然只是想象中的情节，却给了山本深刻启示。以至于在山本担任联合舰队司令后，规定该书的日译本为海军军官的必读书。

1932年，美军在演习中以"萨拉托加号"航空母舰为核心的特混舰队曾出动舰载机成功空袭了在珍珠港的军舰。山本仔细研究相关的资料，受到很大启发。1940年3月，山本与联合舰队参谋长福留繁少将讨论过初步的偷袭珍珠港方案。

1941年2月初，当金梅尔上将上任美太平洋舰队司令时，山本指示其心腹部下大西海军少将拟制一个具体的突袭珍珠港的行动计划。大西将这一绝密的任务又交给了其信得过的飞行战术专家——36岁的参谋源田实中佐。这个前不久在"塔兰托事件"发生时担任驻伦敦海军武官的少壮派，夜以继日地策划于密室。

山本的偷袭珍珠港设想得到更多的认可后，立即命令联合舰队参谋长福留繁少将、第一航空舰队参谋长草鹿龙之介少将、第十一航空舰队参谋长大

西滋次郎少将共同拟制出具体计划：就是在袭击发起前10余天，以航空母舰为核心的突击编队，从日本出发。在袭击发起日的日出前一两小时，到达距珍珠港约200海里的海域，出动舰载机突击珍珠港内的美军舰艇和岸基航空基地，以突袭手段消灭美军太平洋舰队，为日军的南进扫清障碍。

山本为纪念他所崇拜的东乡平八郎在对马海战中升起的Ｚ字旗，将这一计划的保密代号定为"Ｚ计划"，史学家则称之为"山本计划"。

"Ｚ计划"在所有细节上都考虑得非常周密。在兵力编成上，既要求具备强大的突击威力，又要避免编队过于庞大而被发现。最终确定为航空母舰6艘，战列舰2艘，重巡洋舰2艘，轻巡洋舰1艘，驱逐舰9艘，潜艇3艘，油船8艘。

舰载机共423架，担负突击任务的354架，其中"九九式"俯冲轰炸机131架，"九九式"水平轰炸机104架，"九七式"鱼雷机40架，"零式"战斗机79架，其余69架飞机则负责保护编队安全。编队司令为南云忠一中将。

另外，还有27艘潜艇组成先遣队，先期出发。其中22艘负责侦察，5艘为特别攻击队，各携带一艘袖珍潜艇，在空袭前将袖珍潜艇放出，由袖珍潜艇自行潜入港内，趁轰炸时的混乱从水下发射鱼雷进行攻击。

航线选择方面，从日本本土到珍珠港，通常有3条航线：一是经阿留申群岛的北航线；二是经中途岛的中航线；三是经马绍尔群岛的南航线。

这三条航线各有利弊，北航线远离美军岸基航空兵的飞机巡逻范围，而且一般无商船航行，便于隐蔽。但气候恶劣，风大浪急，海上加油比较困难。中、南航线，气候宜于航行，而且距美方岛屿较近，但来往商船频繁，容易被发现。经过再三比较，特别是出于保密的考虑，最后日军选择了北航线。

飞机起飞海域的距离，也是需要考虑的。太近容易被发现，太远又会使飞行员疲劳，影响战斗力的发挥。几经研究，最后选定起飞海域为瓦胡岛以北200海里，即北纬12度，西经170度海域。

根据当时日军飞机的航速推算，从起飞至飞抵珍珠港需要约两小时。而且在舰载机起飞后，航空母舰后撤一段距离。这样一来，日军飞机去时航程近，返回时航程稍远。美军如果派出飞机追击，那么往返航程都增加不少，

使美军追击困难。

突击时间的选择更是煞费苦心。

首先，要和在马来亚的登陆同时发起，就必须选下半夜有月光的日子，即下弦月的日期，因为登陆是在拂晓，为便于作战的顺利完成下半夜必须有月光。

其次，要选在星期日，因为根据美军的活动规律，出海的船舰通常在星期六返回，那么星期日在港内停泊的军舰最多，并且星期日人员休假也最多，戒备最松懈。

综合各项情况，突袭定为12月7日星期日。突击时间为早晨6时。后由于参战的第五航空战队的两艘航空母舰上的飞行员没进行过夜间飞行训练，所以把突击时间改为早晨6时起飞，8时实施攻击。

整个计划考虑周密，可谓滴水不漏。然而，山本的偷袭珍珠港计划在制订之初就遭到上上下下许多人的反对。

首先在联合舰队内部，第一航空舰队司令南云忠一认为这个作战方案过于冒险，并表示"本职反对珍珠港作战"。如果说来自下级的反对还不致动摇山本的决心的话，那么来自上面军令部的反对就令山本不得不费一番周折了。

军令部认为，"Z计划"有4个明显的缺点：

一是，作战成败的关键在于保密，而要做到这一点困难极大，别说大量调集兵力会引起敌方注意，就是开进途中也有约两个星期的航程，很可能遇到敌舰艇、飞机或者中立国的船只；

二是，作战实施过程有许多令人不安之处，如空袭那天气候不佳，或敌舰队大部不在珍珠港内；

三是，用飞机袭击的效果难以保证，如浅水鱼雷的试验尚未完全成功，加上万一敌舰布下防鱼雷网，一切就会前功尽弃；

四是，进行南方作战需用航空母舰，这样就没有足够的航空母舰供偷袭珍珠港使用。

日落激流

　　由于以上4个方面的因素，军令部认为，进行夏威夷作战是投机性的冒险，没有多少成功的把握。一旦失手，更是"偷鸡不成，反蚀一把米"。于是，山本费尽心思炮制的夏威夷作战计划，在近8个月时间里被军令部束之高阁。

　　但山本五十六绝不是一个知难而退的人，那些反对意见只会使他的头脑更加清醒，决心更加坚定。

　　他斩钉截铁地指示部下：

　　　　只要我还是联合舰队司令长官，珍珠港这一仗就非打不可！
　　没有万全之策，却一定要有万全之措施，好好准备吧！

　　1941年6月22日，法西斯德国以闪电般的突袭行动大规模入侵苏联，给日本军国主义打了一针兴奋剂。主张"南进"和对美作战的意见逐渐占了上风。

　　7月2日，日本御前会议通过了《适应局势变化之帝国国策纲要》，提出要"加强南进之态势"，"帝国为达到上述目的，不惜对英美作战"。

　　9月6日，日本天皇亲自出席御前会议，通过了《帝国国策施行要点》，提出：

　　　　帝国为确保自存自卫，在不惜对美（英荷）作战的决心之下，大体以10月下旬为期限，完成战争准备。

　　9月中旬，在东京的海军大学里，山本亲自组织有关人员秘密地进行"夏威夷作战特别演习"。为了不走漏风声，在校学生全部离校。

　　这是一次模拟实战的图上作业演习。分红、蓝两军对抗进行，红方代表美军，蓝方代表日军。担任红方的各级指挥官，由原来反对此次作战的军令部成员担任，从而加强了对抗性。

　　演习持续了两天，蓝方在取得重大战果的同时，也损伤惨重，其中6艘航

空母舰有一半遭到重创，120多架飞机被击毁。

随后不久，山本亲自选定地形类似珍珠港的鹿儿岛训练场，进行模拟飞行训练。飞行员们当时并不知道夏威夷作战计划，他们在山本魔鬼般的驱使下，时而在峡谷内隐蔽穿行；时而擦着海面在20米高度内发射鱼雷；时而向下俯冲，时而跃起盘升，一个个就像亡命之徒。

10月中旬，迫不及待的日本军方推翻了近卫内阁，由东条英机组阁。山本的夏威夷作战计划终于获得军令部总长永野修身的批准，列入了军令部的议事日程。

11月5日，又一次御前会议通过了新的《帝国国策施行要点》，明确"发动武装进攻之时间定于12月初，陆海军应完成作战准备"。

与此同时，适应珍珠港作战需要的改进型浅水鱼雷也已经试验成功。随后，执行突袭任务的机动部队根据山本的夏威夷作战计划又组织了实战演习。庞大的机群从250海里外的航空母舰的甲板跑道上起飞，向假想中的美太平洋联合舰队——停泊在佐伯湾内的日本联合舰队主力进行大规模空袭演习。

同日，由军令部总长永野修身签署的代表天皇的"大海令一号"颁发。山本随即发布《联合舰队机动作战命令》，其中第二号命令中把作战预定日定为东京时间12月8日（夏威夷时间12月7日）。

11月17日，山本登临机动部队旗舰"赤诚号"，向即将出征的将士们进行勉励话别：

这次作战的成败将决定我国今后整个战争的命运。

作战计划正是在排除一切困难和出敌不意的思想指导下制订的，但也许美国太平洋舰队的金梅尔将军对可能发生的一切有了周密的准备。

各位将士务必做好充分的打硬仗的思想准备，切勿掉以轻心。

讲完这番话，山本又专门来到飞行机群指挥官渊田的面前，两人紧紧握手，相对无言。

6天后，由南云率领的以6艘航空母舰为主力的约30艘军舰组成的机动部队，在日本北方择捉岛中部一个名叫单冠湾的偏僻渔港集结完毕。

昔日荒无人烟的地方突然开进如此庞大的队伍，使岛上的居民惊诧不已。更使他们惶惶不安的是，从此该岛同外界的一切联系全被切断，岛民的生活补给全由部队供应。这种封闭式戒严，一直持续至12月8日才解除。

11月26日清晨，迎着飘飘洒洒的雪花，这支庞大的机动部队从单冠湾起程。没有欢送的场景，只有"赤城号"旗舰上的军乐队奏起雄壮的《军舰进行曲》，为自己出征壮行。目送远去的战舰，山本不禁默默地祈祷神灵保佑。

秘密战线
传来的特殊情报

在日本军方紧锣密鼓地进行偷袭珍珠港作战准备的同时，在另外一条隐蔽的战线上，日本军政联手，导演了一出拙劣的欺骗戏码。

1941年3月27日，檀香山第八号码头迎来了从横滨驶来的日本邮船公司的"新田丸"轮。一个肩负重大秘密使命的间谍就搭乘在这艘船上。他叫吉川猛夫，是日本军令部情报部海军少尉。

为了掩人耳目，日本外务省美国局局长给他改换了一个外国人不易读记的化名——森村正，并给了他一个日本驻檀香山总领事馆外务书记员的头衔。

一辆挂有外国领事馆专用车牌的轿车，把他送进了位于努阿努街的日本总领事馆。"你是吉川君吧！"总领事喜多长雄笑眯眯地望着他，尽量压低声调说，"我已接到军令部的委托，情况都知道了……"

这个化名森村正的吉川猛夫，不是一个等闲之辈。为了完成肩负的秘密使命，他已经进行了近8个月的准备，对美军舰艇的情况和夏威夷的风土人情等了如指掌。

"请多关照。"他感到没有必要同总领事做更多的表白。随即，他换上在四季常夏的檀香山颇为流行的夏威夷衫和绿色西裤，头戴一顶插着羽毛的夏威夷帽，装扮成一名旅游观光客，在总领事赞许的目光下，轻松自如地走出领事馆，坐上一辆出租车，向珍珠港驶去。

一连40多天，他并不急于向上司报告工作。

时而以游客身份在珍珠港四周游荡；时而乔装成满身污垢的菲律宾工

人，潜入珍珠港内进行实地侦察；时而又像是一位阔佬，请美国水兵上酒吧大吃大喝；时而又扮成狎客，在位于一座山冈上的酒馆"春潮楼"狎妓豪饮。可是，醉眼却并不在妓女身上，而是盯着窗外的珍珠港……他从各种不同途径获取情报。

5月12日，吉川发出了第一份关于珍珠港美舰停泊情况的密电。

"干得好！以后每隔10天报告一次。"军令部大喜过望，对吉川的要求也越来越高。

进入8月份，又指令吉川每隔3天报告一次。

10月23日，当山本紧锣密鼓地准备实施夏威夷作战计划时，军令部又派出一名间谍随"龙田丸"客轮抵达檀香山。

他叫中岛少佐，假扮成这个客轮的工作人员，随身携带着军令部给吉川的一封密信，要求吉川在第二天该客轮离港前，提供"美国舰队是否每个星期都出港？""一般情况下星期几停泊在珍珠港内的军舰最多？"等多项情报。

"这么多问题！"吉川看着密信中密密麻麻的小字，紧张得差点叫出声来，"只有一天时间，我的天！"

幸好7个月来，他的脑海里和笔记本上，积累了许许多多的情报，对这些问题并不陌生。他几乎不假思索地伏案疾书，一一回答97个问题。

当他把这份极为重要的情报小心翼翼地封好时，窗外已经迎来了第二天的晨曦。

为了预防万一，他将情报交给了享有外交豁免权的喜多总领事。

"放心吧，我一定亲手转交。"总领事笑眯眯地对这位双眼充满血丝的外务书记员说，"好好睡一觉吧！"随即坐上专车向即将返航的"龙田丸"客轮疾驰而去。

在为日本偷袭珍珠港立下赫赫功劳，被称为"无名英雄"的间谍中，竟然还有一位来自德国的姑娘，她叫苏西·露思。

这位长有一双迷人眼睛的姑娘，17岁时就成了纳粹党极有权势的跛脚宣传部长戈培尔的情妇。后来，日本要求德国提供一名间谍到珍珠港执行任

务。不知出于哪种考虑，戈培尔推荐露思一家来到夏威夷。

露思的父亲屈恩是一名忠实的纳粹党徒，对自己一家到国外执行间谍任务感到很荣幸。他们在珍珠港附近买了一幢别墅，全家8只眼睛加上一架高倍双筒望远镜，一起观察。

收集珍珠港的情报，其中最迷人的自然是露思小姐。她开设了一家美容院，顾客大都是美高级军官的太太，周到的服务和优惠的价格使她们络绎不绝地前来，而她们喋喋不休的交谈使露思小姐得到了最好的回报。有时，因为有价值的情报太多了，露思的脑子简直"不堪重负"，便请她的母亲来协助监听和记录。

露思的活动舞台不仅局限于美容院。作为一名出色的舞蹈家、网球运动员和游泳爱好者，她频频出没在剧场、沙滩、运动场和其他公共场合，与美

◆ 军事货船

太平洋舰队的年轻军官们交际，甚至，其中的一位成为她的未婚夫。从未婚夫身上套取或证实某一情报，简直如囊中取物一样轻而易举。

露思的弟弟、年仅11岁的汉斯·约阿希姆，也成了很有价值的特工。他时常穿上水手服，在父母的带领下沿海边散步。

停泊在不远处的舰艇上的军官们很喜欢这位"小水手"，经常邀请他登舰游玩。这时"小水手"会提出一些"聪明"的问题，涉及舰艇的数量、作战能力、离港进港时间等，那些军官们怎么也不会想到，他们漫不经心的随口回答，已深深印在"小水手"的脑海里。回家后，小汉斯如数家珍地复述，母亲则一五一十地记录，全都成了宝贵的情报。

"小水手"不仅会问，而且会看，在父母和姐姐的教唆下，他知道哪些关键的部位是看了之后不能忘记，回家要汇报的。这个小汉斯大概是历史上

唯一货真价实的儿童间谍。

源源不断的情报被秘密地交给日本驻檀香山的总领事。吉川到任后，露思一家便同他直接联系。

为了避人耳目，他们传递情报的方式采用了古老的灯光法，由屈恩从别墅顶楼打出送情报的暗语灯光，吉川在领事馆内用望远镜接收灯光暗语，随时记录下来。这种原始的方法，居然一直未被察觉。

进入惊心动魄的12月后，他们每天也要联络多次。

也许是被巨大的成功冲昏了头脑，在珍珠港被袭之后，露思一家还无所顾忌地用灯光向吉川报告着战果。如梦初醒的美军情报机关，很快发现了那幢别墅里发出的一闪一闪的神秘灯光，直至他们冲进别墅，露思等人还在全神贯注地打着灯光信号！

日本媒体
大摆迷魂阵

"日本和美国没有任何理由打仗……为什么一定要打仗呢？"1941年1月23日，新任日本驻美大使野村吉三郎在启程赴任时笑着对记者说。

此刻，这位身材高大、面容温和的日本原海军将领，像一位"和平使者"，站在横滨码头"镰仓丸"轮的甲板上。日本各大通讯社、报纸的记者都来进行现场采访。野村吉三郎竭力使他们相信，此时此刻是进入"日美关系新纪元的前夕"。美国记者似乎受到强烈的感染，也纷纷报道这一消息，称"日美关系和好有望"。

他们怎么会想到，在另一艘舰船上，日本海军联合舰队司令山本五十六已经拟好了袭击夏威夷的行动计划！

3月8日，日本新任驻美大使野村吉三郎与美国国务卿赫尔，在卡尔顿饭店举行第一轮正式会谈。一个多月后，一个以日美"民间代表"名义草拟的《日美谅解方案》出笼。

该方案宣称："日本在西南太平洋不诉诸武力改变现状。"野村将这份历史学家称之为"出生在私人小医院而且双亲不明的婴儿"的方案，作为非官方文件递交给赫尔，使这位国务卿一时处于被动状态。

当赫尔与罗斯福总统反复斟酌后提出4条原则性对策时，日本外相松冈于5月12日又抛出了一份修正案，公然删去了原方案中"不诉诸武力"的条款。

双方的谈判虽然很艰难，但一直持续不断。

从3月8日至12月8日的9个月里，野村同罗斯福总统会谈9次，同赫尔国务卿会谈45次。直至珍珠港事件爆发前夕，日本政府仍指示野村"不要让对方

感觉到事实上谈判业已中断"。

在谈判的同时，日本先后派出200多名间谍，在夏威夷等地频频活动，窃取了大量情报。

正当11月5日日本御前会议作出"发动武装进攻之时间定于12月初"的决策、执行突袭珍珠港任务的机动部队组织大规模实战演习之时，东条内阁又加派一名"和平特使"赴美。这个曾担任驻美领事，并娶一名美国女子为妻的"和平特使"叫来栖三郎。

10天后，来栖抵达华盛顿。面对众多的记者，他侃侃而谈。"请问阁

❤ 军舰

下，日美谈判已陷入僵局，您对自己此行打破僵局是否抱有信心和希望？"一名美国记者忧心忡忡地问。

"如果不抱希望，我何必不远万里来谈判呢？"来栖振振有词地回答，"我们应该对日美会谈的前景不失信心。"来栖的"表演"使一些心地善良而头脑简单的人盲目乐观起来，觉得"好像是一线阳光刺破乌云，照射了太平洋的海面"。

迷魂阵一个接着一个。

原定11月中旬从横滨起航，开往美国洛杉矶执行第二次撤侨任务的豪华邮船"龙田丸"轮，拖延至12月2日才徐徐驶离码头。

临行前一天，日本海军当局把"龙田丸"轮船的船长木村叫去，面授机宜，并交给他一只装有16支手枪的箱子。

居心叵测的日本军方，明知太平洋战争一触即发，却故意让这艘排水量17000吨的豪华邮船朝美国方向"自投罗网"，就是为了使美国产生这样的错觉：至少在最近10多天甚至一个月里，即"龙田丸"从横滨抵达洛杉矶到载着日侨返回日本之前，战争不会爆发。

可是，木村船长接到的密令是：随时准备掉转船头返回日本！那16支手枪就是用来对付乘客，特别是搭乘该轮的10多名美

国军人在返航时可能发生的反抗。

果然，木村船长在该轮船行到中途岛北端时，收到了来自日本海军省的电令："'龙田丸'立即掉头，全速返回日本！"这时，珍珠港上空已经狼烟四起。

费尽心思的日本军方不仅在美国人面前大放烟幕，而且还把"迷魂阵"摆到了自家门口。12月5日和6日，东京闹市区银座大街上，约3000名身穿鲜艳蓝制服、脚裹白绑腿的水兵，自由自在地闲逛着，格外引人注目。

"在如此紧张的形势下还有心思组织水兵参观游览，搞什么名堂？！"一些市民愤愤不平地说。

他们哪里知道，这里面确实有"名堂"。

为了掩饰迫在眉睫的夏威夷作战，日军大本营海军部下令诸海军学校和训练机关，组织大批学员和见习生以水兵装束参观游览东京，带有学校标记的水兵帽一律换成有"大日本帝国海军"字样的正式军帽。

正如日本军方希望的那样，第二天《朝日新闻》报道说：

> 在波涛汹涌的太平洋上夜以继日地进行紧张训练的大约3000名海军勇士，分批抵达东京游览……

谁又能想到，此刻在波涛汹涌的太平洋上，一支庞大的突击舰队，已经逼近珍珠港，美国人的噩梦即将开始！

美国高层
妙施苦肉计

对日本军方所做的一切，拥有庞大情报系统和先进侦察手段的美国，难道事先真的完全被蒙在鼓里了吗？这的确是一个历史谜团。

当日本为研制出新型的保护国家最高机密的"九七式"紫色密码机而暗自庆幸的时候，一个19人组成的美军密码破译组，经过艰苦努力，终于在1940年9月仿制出一台相同的密码机，破译了日本的密码。

美国将这项破译工作称为"魔术"，领导这一破译组的弗里德曼上校，因此先后荣获"公民特别功勋章""最高功勋章"和"保障国家安全勋章"。在美国，一人获得上述3枚勋章的，仅他一个。直至1956年，美国国会还通过决议，奖给弗里德曼10万美元。因为从破译了日本的密码那一天起，实际上意味着日本已无密可保，来自日本最核心的机密就像穿上了"皇帝的新衣"，一丝不挂地裸露于美国人面前。

为了不被日方发觉他们的密码已经被破译，美军情报官员采取了极为严格的控制措施：所有重要情报均密封于袋中，由特别信使送交总统、国务卿和陆海军部长以及情报主任、作战计划局局长等关键人物，限制在很小的范围内。

也许正是过于担心泄密，致使夏威夷驻军无法及时得到有关情报。

日本驻美大使野村做梦也不会想到，自己收到的数百份"国家级"绝密电报，他的谈判对手赫尔国务卿同样心知肚明。他为完成使命而做出的种种努力，在早已心中有底的赫尔看来，有时简直是滑稽可笑的小儿把戏。

赫尔在他的回忆录里这样写道：

通过截获并破译的"魔术"情报，我们知道了东京外务大臣向野村和其他代表所发出的指令，以及野村向东京发出的有关同我会谈的情况报告。

这些材料表明，日本政府一方面同我们进行和平谈判；另一方面却推行其侵略计划。我仿佛看到了这样一个证人，他的证词与他自己所说的完全相反。

当然，我得注意，一点也不能让野村知道，我已经掌握了他们的秘密。

当野村向东京报告"赫尔非常仔细地看了我们的方案"时，赫尔正为自己不动声色的表演而沾沾自喜。他之所以"仔细地看"，也许只是想鉴定一下美军情报官员的翻译水平，看看与"原件"是否一致。

据统计，自1941年7月初日本御前会议作出"不惜对英美作战"之决策，到珍珠港开战前夕，这期间被破译的日本外务省发往驻美使馆的绝密电报达270份之多。而日本驻檀香山总领事馆向军令部发回的密码情报，也几乎一份不漏地被美军截获和破译。

然而，日本偷袭珍珠港之前，美太平洋舰队司令金梅尔上将确实被蒙在鼓里。但与其说是被日方所欺骗，倒不如说是被自己和自己的最高领导层所蒙蔽。

对笼罩在太平洋上空的战争乌云，罗斯福总统比谁都看得清楚。摆在他办公桌上的一大堆"魔术"情报表明，日本已向美国发出最后通牒，谈判的最后期限是"11月29日"，"在那以后事情自然会发生"。

"下星期一我们有可能遭到进攻，因为日本人不警告就发起袭击是出了名的。"11月24日，罗斯福提醒他的内阁注意。3天后，根据总统的授意，参谋总长马歇尔上将向菲律宾和夏威夷等地的陆军部队下达了"日本的敌对行动随时会发生"的警戒令。

　　海军作战部部长斯塔克海军上将在给太平洋舰队和亚洲舰队的电令中，说得更直截了当，一开头就是"此电应视为战争警告"，并预计"日本将在最近几天内采取侵略行动"。

　　可是，在对日本攻击的重点方向作预测时，该电列举了菲律宾、泰国等地，却未提及珍珠港。本来就盲目自信的金梅尔上将，接到这份电报似乎并

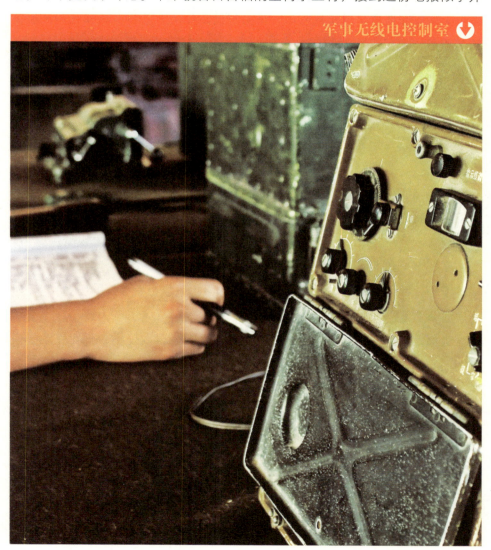

军事无线电控制室

没有增加多少加强防备的紧迫感，也许还反而吃了一颗"定心丸"。

11月30日，东京致电驻德大使，要求他将下列情况通报德国希特勒元首和里宾特洛甫外长："日本同英美之间存在着突然爆发战争的很大危险，开战的日期也许会比想象的来得更快。"

在这前后，东京发给驻美大使野村关于销毁密码和重要文件、指定某些使馆人员立即撤离华盛顿的密电，都被破译，并及时送到白宫和五角大楼决策者的办公桌上。

这些"魔术"情报又一次提醒华盛顿的决策者：战争迫在眉睫！

面对这种形势，美国总统罗斯福真沉得住气。华盛顿时间12月6日晚（东京时间为7日上午），他还在椭圆形书房里与刚病愈出院的密友哈里·霍普金斯漫谈着一个轻松的话题：如何以垂钓者的心态和悠闲度过自己的晚年。21时30分左右，总统海军副官助理休尔兹上尉走进书房，呈给总统一份刚截获的重要情报。这是近似宣战的日本对美备忘录的前13个部分，最后第十四部分还在待截之中。

"这就是说要爆发战争了。"罗斯福说着，便把情报递给友人看。

霍普金斯建议总统先发制人，但被拒绝了。

"不，我们不能这样做。我们是爱好和平的民族，有很好的历史。"罗斯福知道即便他要先发制人，国会也不会通过。

近似宣战的日本对美备忘录最后的第十四部分，以及指令野村在华盛顿时间12月7日下午13时正式通知美方的电文，被美军"魔术"情报组及时截获并破译，其速度甚至超过了日本驻美大使馆的译员。

此刻，美太平洋舰队司令金梅尔海军上将还在梦境中畅游。珍珠港码头带日历的时钟正指在12月7日清晨4时45分的位置上。没有意识到丝毫危机的金梅尔上将，醒来以后也没有马上想到自己的部队，竟还想着有一场高尔夫球要打！他压根没想到他的舰队、他的名誉会遭到突如其来的毁灭性的打击！

"现在是否立即用电话同金梅尔上将联系一下？"气氛紧张的美国海军作战部部长办公室里，情报局局长威尔金逊向他的上司斯塔克部长建议。

　　"不妨先同总统商量一下再说。黎明时分打破金梅尔的美梦是一种罪过。"斯塔克伸向电话机的手又慢慢地放下了。

　　参谋总长马歇尔上将这天清晨的心情似乎特别好。他按惯例在公园里弯弯曲曲的小径骑马，可是比平时多骑了整整20分钟，急得手持"魔术"情报找不到他的陆军情报局远东科科长布拉顿上校像热锅上的蚂蚁。

　　接到通报，马歇尔也没有直接到办公室，而是在寓所痛痛快快地洗了个澡，然后不紧不慢地换上衣服，让急出汗来的布拉顿上校在陆军部大门口又等了15分钟。

　　这时，军方的许多高级官员先后走进了参谋总长办公室。他们都注意到"魔术"情报中"下午13时"这4个字，一致认为在这个时间或稍后不久，太平洋的某个地方将遭到日军的攻击。有的情不自禁地抬起手腕看表，离这个时限仅剩下不到100分钟了。

　　马歇尔显然感觉到事不宜迟，该下决心了。

　　"日本军队将在今天下午13时，或13时过后不久便开始发动攻击。"他先作出肯定的判断，接着斩钉截铁地说，"我决定向全军司令发出紧急戒备的指令。"

　　随即草拟了电文，并电话通报斯塔克部长，特意在末尾加上"也请转告海军部队"几个字，要求站在身旁的布拉顿上校"用最快最安全的方法"拍发出去。

　　"最快最安全的方法"其实就在马歇尔的办公桌上。只要他一拿起桌上的专用电话，或者到隔壁房间启用秘密电话，甚至直接指令使用海军短波无线电和专供与夏威夷联络用的FBI系统，那么金梅尔上将就能获得一个多小时宝贵的准备时间，可以命令他的舰队起航、飞机起飞，使来犯的日军措手不及！

　　然而，一向聪明的马歇尔并没有这么做。在留下深深的遗憾的同时，也留下了一个耐人寻味的历史谜团。

　　他当然不知道陆军通往珍珠港瓦胡岛陆军基地的线路出了故障。他要求

"用最快最安全的方法"拍发出去的这份电报，华盛顿时间12月7日中午12时12分由西部联合电信公司发出，从华盛顿经旧金山再到檀香山，转手3次，走了整整8小时16分。

当美驻珍珠港陆军指挥官肖特将军接到此电时，已经是日军攻击后7小时零3分了。不知出于愤怒还是悲伤，金梅尔海军上将当着众多参谋人员的面，大声宣读该电文。

这份"最快最安全"的电文成了历史的笑柄。

同样具有讽刺意味的是，工作拖拉的日本驻美大使馆，并没有按照其政府关于必须在华盛顿时间12月7日"下午13时"通知美方的电令行事，而是迟了足足80分钟。

这等于给了美国一份意外的"礼物"——日本不宣而战。1941年12月7日，日本偷袭珍珠港得手后，罗斯福的参战演讲和战争咨文在国会获得了一致赞同，孤立主义一夜之间烟消云散。而在此前，美国国会主张在对外关系中避免卷入欧洲的政治和军事冲突，坚决奉行孤立主义。

因此，许多史学家对这个历史谜团的解释是，美国上层早已获知日军的偷袭计划，日本之所以能得手、珍珠港事件之所以能成为现实，只不过是罗斯福的苦肉计而已，是不得已而为之。

因为当时美国国内孤立主义思想非常严重，使得罗斯福总统的很多计划受到掣肘。而作为极富远见的杰出政治家，罗斯福很清楚，如果不及时援助正在艰苦奋战的英、中、苏等反法西斯国家，等到轴心国确实控制了欧亚大陆后，美国将无力独自抵抗已经根基牢固的德、意、日轴心国。

对美国来说，早参战比晚参战有利，但国内的孤立主义只图眼前利益不愿参战。因此，罗斯福不惜以珍珠港为代价，唤醒民众的觉醒，粉碎孤立主义的幻想，实现举国上下同仇敌忾，坚决与德国法西斯和日本军国主义血战到底。

日本偷袭珍珠港把美国决策集团面临的一切困难一下子给全部解决了。过去他们一直处在举棋不定的观望之中，忧虑国内有许多人反对参战或者抱

持冷淡态度。

现在，全体美国国民在"不要忘记珍珠港"的共同心声中紧密团结在一起，已经没有孤立主义者和战争介入论者的区别了。举国一心的情绪已经化为力量拧到一起了。

12月8日上午，罗斯福总统亲自前往国会。他没有坐轮椅，由他的长子詹姆斯搀扶着走进大厅，向美国参众两院发表讲话："昨天美国遭到蓄意的猛烈攻击，这个日子将永远是我国的国耻。"

他站在众议院讲台上讲述了前一天珍珠港遭到卑鄙偷袭的经过。他说：

> 不能否认这样的事实：我们的人民，我们的领土，我们的利益，正面临着严重的危险。

他在十分钟的讲演中要求国会批准对日本宣战，并满怀信心地预言："凭着我国人民的最大决心，我们必将赢得最后的胜利。"

这项要求在参议院全体一致通过，在众议院只有一位持不同意见的女议员投反对票。下午16时10分，罗斯福佩带哀悼珍珠港死难者的黑色袖章在对日宣战书上签了字。

同一天，中国政府也对德意两国宣战。

国际对日
联合战线形成

　　"好了，我们赢了。"英国首相温斯顿·丘吉尔的直接反应就是这句话。1941年12月8日下午14时，他在下院宣布英国对日宣战，比罗斯福宣布美国对日宣战还早两个小时。

　　当丘吉尔首相从广播中听到日本偷袭珍珠港的消息时极度兴奋，急忙打电话问罗斯福："日本这次是要干什么？"

　　罗斯福总统回答说："他们正在夏威夷攻击我们，我们大家已经坐到一艘船上了。"

　　丘吉尔首相对"我们坐在一艘船上"这句话感到发自内心的高兴，他说："我们用自己的力量单独作战的时间已经过去了。"

　　他在日记里充满自信地写道："希特勒的命运决定了，墨索里尼的命运也决定了。如果问我日本人的命运么，他一定被打得体无完肤。"

　　丘吉尔首相激动得大声对文登外相嚷道："嗨！日本人干了什么蠢事，你想想看，往美国牛仔的屁股上捅一刀，这会有什么好结果！不管怎么说，我们不会单独作战了。"

　　有这种激动心情的绝对不止丘吉尔一个人。

　　在莫斯科，苏联最高统帅斯大林正在掩蔽部地下室昏昏欲睡，苏联作战部长华西列夫斯基中将匆忙把日本偷袭珍珠港的消息告诉他，斯大林立即两眼放光，亢奋起来："好极了，真是好极了！"

　　日本偷袭珍珠港，一下子解除了斯大林在德军重压下的烦恼，给苏联帮了大忙，不需要担心日本从东面夹攻了。

于是，半个月后，苏联秘密从远东军区抽调1／3的兵力，包括30个步兵师、900辆坦克和全部作战飞机投入莫斯科前线，远东方面只留下一部分边防军和日本关东军对峙。由于有条约，苏联没有对日宣战。

法国的流亡政府，自由法国伦敦总部的戴高乐将军闻讯后，也预见到形势将开始好转。当天晚上，他对帕西上校说："胜利已成定局，今后应该做好收复法国本土的准备。"

荷兰、自由法国、比利时、希腊、加拿大、巴拿

英国首相丘吉尔

马、波兰、萨尔瓦多、新西兰、澳大利亚、南非联邦、古巴、尼加拉瓜、洪都拉斯、危地马拉、海地等20多个国家相继对日宣战。

日本军国主义者用打碎美国太平洋舰队脊梁骨的办法促成了中、美、英、法、荷、澳、新等民主国家的联合，一场反法西斯侵略的正义战争全面展开了。

德意日签订
三国军事协定

正当东条英机笑逐颜开十分得意的时候，德国希特勒却暴跳如雷，把他周围的人吓得目瞪口呆。他一直指望德国装甲部队直捣苏联腹地，最后制服英国，但要有一个条件，必须要美国不介入。自从入侵苏联以来，他一直希望日本向西伯利亚出兵，东西双方夹击苏联，可是，日本在远东按兵不动。

1941年11月，在严寒和风雪中德苏两军进行激烈苦战，12月2日夜，德军逼近莫斯科郊外距红场仅32公里的地方，已经看得见克里姆林宫的塔尖，却遭遇朱可夫率领的苏联军队正面抵抗，寸步不得前进。

12月6日，苏军100个师团，从绵延320公里长的战线全面总反攻，希特勒遭受意想不到的反击，疲劳和严寒已超过将士能够忍耐的极限，德军陷入大混乱状态。

就在希特勒决定放弃攻击莫斯科后退的这一天，他听到日美开战，美国已经介入世界大战的消息，这使希特勒预感到他的世界战略即将烟消云散，所以气急败坏，六神无主。

希特勒面临着严重的现实，经过两三天的冷静考虑，觉得日本在亚洲牵制住一部分英美的兵力也是可取的，于是在1941年12月11日宣布对美开战。

墨索里尼在12月8日早晨还没有起床的时候，听到日本偷袭珍珠港的消息，便向他的女婿齐亚诺外相说："这下子可完蛋了。"

隔了一天，经过一番权衡，又觉得坏事也可能变成好事。美英付出相当大的力量在亚太地区和日本打，他在欧洲可能因此而得到好处，可以重温"非洲大帝国"的旧梦，于是在1941年12月11日和德国一起对美宣战。

第二次世界大战太平洋战事

东条英机、希特勒和墨索里尼（从左至右）（蜡像）

就在12月11日这一天，日德意三国又签订了一个《三国军事协定》，宣布三国在对英美联合作战取得胜利以前，绝不放下武器，并表示了决不与敌人单独媾和的不可动摇的决心。在胜利结束战争之前，缔约国应根据三国同盟精神，在建立新秩序的事业中进行合作。

　　日本对珍珠港的这次攻击是成功的，但却给日本蒙上了污名，使它在战败以后也洗刷不清。日本以航空兵作战胜利开始了战争，又以航空兵作战失利而战败告终。这是具有讽刺意味的巧合，而珍珠港事件则成为决定命运的先导。

日落激流

第二次世界大战太平洋战事

珊瑚海战役

　　1942年5月的珊瑚海海战，是战争史上航母编队在远距离以舰载机形式首次实施交战，也几乎是太平洋战争中最公平的一役。美、日双方都是突然相遇，即刻开战，基本反映出双方的战斗力。双方各自损失了1艘航母和1艘驱逐舰，日本损失飞机77架，美国损失66架，美国小胜。珊瑚海海战是日本海军在太平洋第一次受挫。

日落
激流

珊瑚海域的
首次航母大战

　　盟军的两支航空母舰编队1942年5月1日在珊瑚海集结完毕，由弗莱彻统一指挥，菲奇将军在指挥航空母舰作战方面具有丰富经验，由他担任航母作战的战术指挥。

　　5月3日，由志摩率领的日军异常顺利地占领了图拉吉岛。正当日本人为首战告捷而庆幸之时，美军的空中打击临头。

　　5月4日7时30分，40架由"约克城号"航空母舰起飞的轰炸机对图拉吉进行了空袭，日驱逐舰"菊月号"和3艘登陆舰被击沉，其他2艘舰只和5架水上飞机被击伤。

　　"图拉吉遭到美机空袭！"井上立即意识到美国的航空母舰编队已"兵

临城下",他马上电令在所罗门群岛以北游弋待命的、由高木武雄指挥的机动打击舰队立即南下,寻敌作战。一场更为激烈的战斗已不可避免。

就在弗莱彻将军把兵力结集之时,日本人筹划已久的莫尔兹比港进攻作战也开始了,由日海军特别陆战队和工兵共约4000人组成的攻击部队,分乘10艘运输船从拉包尔出发,由1艘轻巡洋舰、6艘驱逐舰、4艘扫雷艇和2艘猎潜艇护航,驶往莫尔兹比港,去完成预定的计划。

由高木武雄指挥的航空母舰"翔鹤号"和"瑞鹤号"在警戒舰只护航下,也进入珊瑚海。

就在双方谨慎地试探对手实力的时候,出现了一个具有戏剧性的场景:6日夜,巡航的日军部队高速接近了正在补给燃料、毫无战斗准备的美军部队,距离一度只有70海里,情况十分紧急。

但由于珊瑚海地区浓云密布,恶浪滔天,日本人竟没有发现美国人,日军舰队在高木的命令下,竟莫名其妙地撤退了。就这样,一场即将上演的遭遇战消失在夜幕之中。

日、美两方都在茫茫的大海上搜寻自己的猎物,希望能首先发现对方,以便先发制人,但由于气候等原因,双方始终在捉迷藏。

美军航空母舰

5月7日上午，由"约克城号"起飞的美国舰载侦察机发回急电："敌航空母舰1艘、巡洋舰4艘，距离180海里，航向120度，航速20节，西北向。"

几乎同时，陆基侦察机也发来同样的情报。弗莱彻少将闻讯大喜，决心痛歼日本舰队，以雪美军珍珠港之耻。

5月7日上午10时整，24架鱼雷机、36架轰炸机分别从"列克星敦号"和"约克城号"起飞，在16架战斗机的掩护下，扑向日舰队。

但是，美机前去攻击的并不是高木舰队。原来，图拉吉空袭之后，日军并没有放弃最初的作战计划。5月4日，4000多日军分乘14艘运输舰由拉包尔起程，前去攻占莫尔兹比港。后藤率领航空母舰"祥凤号"和4艘重巡洋舰组成直接掩护舰队紧随其后。美机发现的正是这支舰队。

5月7日上午11时左右，美机群发现目标，并马上实施攻击。面对突然飞临的美机，日舰队阵脚大乱，"祥凤号"拼命转舵，企图迎风起飞甲板上的飞机。

这时由贝勒特上尉率领的13架美国鱼雷攻击机冒着日舰密集的防空炮火，低空抵近"祥凤号"发射鱼雷，"祥凤号"迅即大火熊熊。

几分钟后，又有10架美鱼雷机在仅距"祥凤号"460米至920米处发射鱼雷，结果又有4枚命中。

与此同时，俯冲轰炸机也命中"祥凤号"13枚炸弹。11时35分，即"祥凤号"首中鱼雷15分钟后，沉入了满是珊瑚和海藻的海底，这是二战期间击沉战舰的最快纪录之一。该舰800余人中，仅有百余人逃生，而美军的损失仅仅是3架侦察轰炸机。

在这一场对攻的大突击中，基本上双方都看清了对方的实力。在这种试探性的进攻之后，更大规模的海战也即将爆发。

双方海战的第一回合，美国人明显占了优势，而日本人由于错误的情报，丧失了首先攻击美航空母舰的良机。机会已经错过，日本人再去进攻显然已不太现实，但原忠一海军少将却受不了这一侮辱，决心再来一次偷袭。

为了这一次偷袭能一举成功，他挑选出擅长夜战的飞行员，驾驶12架俯

冲轰炸机和15架鱼雷机组成攻击部队，悄悄起飞，飞向估计的美国航空母舰所在地点。

的确，日军这一冒险很不值得。日军飞机实际是从弗莱彻编队的附近飞过的，但由于密云连绵不断，时时有倾盆大雨，加之黄昏时分能见度极差，日本飞机没有能发现美航空母舰，而以逸待劳的美国人则利用新式雷达的引导，对这批日机进行截击。混战中，日军机群被美机击落8架鱼雷机和1架俯冲轰炸机。

被打得晕头转向的日机只得返航。途中，在寻找己方航空母舰时，正好路过美特混舰队上空。这本是一个攻击的绝好机会，但惊魂未定的日飞行员却早早地便把炸弹投光了，以致飞临目标上空只能徒唤奈何了。

但美国人却一点也不手软，瞄准目标后，几艘军舰随即开火，日机当场被打落12架，其他飞机仓皇逃命，飞回日本的航空母舰。

这样，日军派出时有27架飞机，但只有6架安全返航。这一回合日本人是赔了夫人又折兵。

经此一役，交战的双方指挥官都已知道对方的大概位置，并都考虑过以水面舰艇实施夜间攻击，但因为近在咫尺，双方都怕削弱自己的警戒兵力，这些计划也就都没有付诸实施。双方都十分清楚，第二天天一亮就会爆发一场恶战。

那么此刻，双方力量对比的情况又是怎样的呢？具体来看，双方各有航空母舰2艘，美军有飞机121架，日军有飞机122架，美军在轰炸机方面占优势，而日军则在战斗机和鱼雷机方面占优势。

另外美军编队彻夜向南航行，离开了风雨交加的海域，进入了天气晴朗的水域，而日军则向北航行，仍在有风雨的海域活动，云笼雾罩，难被发现，气象条件对日本人有利。

可见双方力量旗鼓相当，到底谁能稳操胜券，恐怕只有上帝知道。

美日两军的
舰载机搏杀

　　1942年5月8日拂晓，美国和日本航空母舰都争先派出侦察机，因为指挥官心里明白，此战胜负取决于能否先查明对方位置。

　　几小时后，美国"列克星敦号"的史密斯海军少尉驾驶的侦察轰炸机，经过一番侦察后终于发现了日本高木率领的"瑞鹤号"和"翔鹤号"突击部队。

　　他用无线电向上级报告对方舰艇的位置：

　　　　2艘敌航空母舰，4艘巡洋舰。航向120度，航速20节，位置在东北175海里。

　　两支庞大的舰队终于都找到了搜寻已久的对手，恶战就此爆发。

　　9时至9时25分，美航空母舰的突击机群，在战斗警报声中被蒸汽弹射装置弹入空中，"约克城号"航空母舰第一批起飞的飞机为39架：两架战斗机掩护24架俯冲轰炸机，4架战斗机掩护9架鱼雷机，各机群之间保持5至10分钟的间隔，风驰电掣般地扑向日航空母舰。

　　10时32分，当美机飞临时，日舰队开始疏散躲避，狡猾的"瑞鹤号"迅速驶入雷雨区，借雨幕得以逃之夭夭。"翔鹤号"则转舵逆风航行，企图让舰载战斗机升空应战，此举使其成为美机群的主攻目标。

　　10时57分，在泰勒少校的指挥下，美鱼雷机和俯冲轰炸机实施攻击，"翔鹤号"舰首先中1枚炸弹，引起汽油燃烧，随后舰尾又中1枚炸弹，大火

蔓延至飞行甲板。

滚滚升起的浓烟烈火，为后来编队中被日本"零式"战斗机拦截而失去目标的美机提供了信号。

11时40分，又有21架美机飞临"翔鹤号"上空，第二次攻击随即开始。

4架美军俯冲轰炸机冒死降至760米处才开始投弹，结果"翔鹤号"再中1枚炸弹。

这时，该舰已连中3枚炸弹，飞行甲板报废、108人死、40人伤。

13时，由于"翔鹤号"失去了作战能力，高木只好令其撤出战斗。

但美国人赢得并不轻松：美军的4架侦察轰炸机和两架战斗机在返航途中，遭到10多架"零式"战斗机的有力拦击，最后全部被击落。至此，美军

二战时的日本战机

也付出了30多架飞机的代价。

就在美军飞机向日本航空母舰上倾泻炸弹的同时，"列克星敦号"和"约克城号"也遭到日本舰载机的猛烈攻击，这是怎么回事呢？原来，美机起飞之时，正是日机出发之时。

于是，另一场大的攻击战开始了。

当时，美军的两艘航空母舰，同在一个环形警戒序列之中，规避运动逐渐使两舰之间的距离加大，这样就削弱了警戒，这无疑对日军极为有利。

"列克星敦号"和"约克城号"除了进行蛇形运动外，还不时驶出编队中心，以便让掩护它们的飞机起降。而袭击日舰的飞机起飞以后，"列克星敦号"还留有9架战斗机和8架侦察轰炸机以防不测，"约克城号"则掌握8架战斗机和8架侦察轰炸机。

至10点55分，"列克星敦号"的雷达突然发现在距离68海里处有大批日机从东北方向飞来，两舰开始转向，让留在飞行甲板上的全部飞机起飞，总共17架战斗机和16架侦察轰炸机，由"列克星敦号"统一指挥。

但与日军70架强大的攻击机相比，美军的空中警戒力量毕竟太弱了。

在战斗前，只有3架美机得以拦截敌机，且马上就被日机群吞没。日军飞机分成3个机群，两个是鱼雷机群，一个是轰炸机群，它们冒着美舰高射火炮和战斗机的猛烈火力，开始了凶狠的攻击，最先遭到攻击的"约克城号"成功地避开了日机发射的鱼雷，左冲右突，在密集的弹雨中奇迹般地仅中1枚炸弹。

这枚炸弹在下面的储藏室里爆炸，炸死37人，炸伤多人，但幸运的是航行能力和航空作战能力并未受到影响。

比"约克城号"吨位大，但机动性能差些的"列克星敦号"的命运就要悲惨得多了。它在日鱼雷机从舰两舷夹击下，屡屡遭到重创，一枚鱼雷命中其左舷前部，剧烈的爆炸使船舷喷出一股夹着海水的巨大火舌，接着整个"列克星敦号"猛然一抖，在同一位置又中了一枚鱼雷，航空母舰顿时被滚滚的浓烟覆盖。

与此同时，日军俯冲轰炸机也紧紧咬着受伤的猎物不放，一颗重磅炸弹

正中左舷前炮位3门127毫米高炮，将那里的火炮全部炸哑。随即一颗小型炸弹又命中了"列克星敦号"的烟囱。

这艘航母此时已经被炸得面目全非，惨不忍睹了。

整个攻击持续不到10分钟便告结束，海面瞬时就安静了下来，剩下的只有海面上燃烧的军舰和飞机碎片。

重伤的"列克星敦号"倾斜着舰身，可以看出，是舰内已起火。但值得庆幸的是，主机照旧能提供所需的速度，航速仍可达24节，飞行甲板完好，对完成攻击任务后返航的飞机来说，母舰上仍然可以降落。

日航母舰队
遭受首次挫败

美军开始回收返航的飞机，并自认已赢得了这次战斗的胜利，因为两艘航空母舰均未受到致命的损伤。

受伤的"列克星敦号"的巡航速度始终没有降低，一直以一定的航速与舰队保持相对位置。与此相反，日本航空母舰"翔鹤号"已经丧失战斗能力，"瑞鹤号"无法容纳全部飞机，只好把许多飞机抛进了大海。

此时，日军原忠一将军能用于作战的飞机仅有9架，而盟军菲奇将军尚有37架攻击机和12架战斗机可以作战。

战争的这架天平开始向美军一边倾斜了，美军只要乘胜追击，就有可能彻底赢得这次战斗。谁知，这时出现了一个出人意料的转折，就在美军舰继续向北疾驶，准备下午再发动一次致命的攻击时，"列克星敦号"突然在12时47分发生了一次爆炸，这是发电机爆出的火花进到从破裂油管里漏出的汽油上引起的。

这到底又是谁之错呢？原来，是舰长的错误指令导致了这一结局。

当时，由于该舰看来不会造成多大危险，"列克星敦号"继续收容飞机，并且不断地给战斗机加油。但舰上的10多个汽油仓已遭到严重破坏，汽油流了一地。

而第一次爆炸的气浪冲开了坚固的钢制水密门和舱口盖，水线以下几层甲板全部被打通，极易挥发的汽油蒸汽通过破口自由流窜，遇火即燃，烈火越烧越旺，随后爆炸不断发生，强度不断增大，军舰上烈焰熊熊。

不久，浓烟窜进舰上医院，几百名伤员被迫转移到宽敞的舰长住舱。两

小时后，由于火势蔓延，伤员又撤到前部飞行甲板上，最后从这里转移到一艘驱逐舰上。

不久主电缆被烧毁，电动舵失灵，控制军舰运动的唯一办法只有使用手操舵轮。

"列克星敦号"起初还能保持编队队形，不久就开始左右摆头，失去控制，对周围舰只构成威胁，只好离开编队。

对自己心爱的航母没有失去最后希望的舰上人员还在黑暗中顽强灭火，企图拯救这艘损坏严重、只有航行能力的舰只，可是又一次猛烈的爆炸毁掉了锅炉舱和机舱的通风系统，坚守岗位的人开始神志模糊，舰上火势实在难以控制，只好呼救。

一时间舰上火光冲天，舰体剧烈震动，不久，螺旋桨停止转动，威风一时的航空母舰，像一条死鱼漂浮在水面，随波逐流。

加之存放在机械车间里的20颗454公斤炸弹和48枚鱼雷，随时都可能发生毁灭性的爆炸，最后舰长只得下达了弃舰命令，全体船员奉命离舰。

一个半小时后，被放弃的"列克星敦号"又发生了一次大爆炸，显然是引爆了那些重磅炸弹和鱼雷。冲击波把停在飞行甲板上来不及转移的飞机和大块钢板，抛向几十米高空，巨大的火柱夹着白色的浓烟和蒸汽直冲云霄。

弗莱彻一方面命令舰队重新编队，向南转移，另外又派出一艘驱逐舰，向熊熊燃烧的"列克星敦号"残壳发射了5枚鱼雷，以防残舰被日军俘获，使这艘被美国水兵爱称为"列克斯夫人"的巨舰，于傍晚时分香消玉殒在波涛之中。

美军经过这番惊心动魄的意外打击，战斗力受到极大损失。战争的天平又悄悄偏向了日本人一边，虽然"祥凤号"被击沉，"翔鹤号"受伤，但"瑞鹤号"完好无损，日本人只要抓住这一个战机，就能置美军于死地。

但日本人的情报错误再一次戏剧性地拯救了美国人。返航的日军飞行员报告：两艘美国航空母舰均被击沉。

自信战无不胜的原忠一相信了这个情报，作了非常乐观的估计，并将此

情况向上级报告。

　　这种夸大战果的主观臆断，使傲慢的高木决定让受伤的"翔鹤号"航空母舰返回特鲁克，这也促使在拉包尔指挥全局作战的司令长官井上成美决定让整个突击部队撤离战场。

　　就这样，一个全歼美军舰队的绝好良机，在日本人的错误和愚蠢的自信中丧失掉了，美国人又一次死里逃生。

　　日本海军司令又于8日17时下令："停止攻击，脱离敌人，补充燃料，修整飞机。"

❤ 美军航空母舰

　　当夜，日本海军司令山本得知此事后，勃然大怒，严令高木舰队："继续追击，歼灭残敌！"

　　然而，8日下午美太平洋舰队司令尼米兹就下令："航空母舰编队立即撤出珊瑚海！"

　　一追一躲之间，大海战就这样不了了之。

　　这是人类战争史上首次全部由航空母舰舰载飞机进行的大厮杀，在这场以飞机搏杀的海战中，日美双方互有损伤：日方"祥凤号"航空母舰沉没，"翔鹤号"遭重创，"菊月号"驱逐舰和3艘运输舰被击沉，损失飞机77架，伤亡1047人；美方的"列克星敦号"航空母舰沉没，"约克城号"受伤，1艘油船和驱逐舰"西姆斯号"被击沉，66架飞机被毁，543人伤亡。

　　但从战略上看，美军无疑是胜利者。此役不仅制止了日军对莫尔兹比的入侵，而且使南云舰队在后来具有全局决定意义的中途岛战役中减少了1/3的航空母舰。更重要的是，这是自太平洋战争爆发以来，一直所向无敌的日军第一次遭到挫败。因此，珊瑚海大战标志着太平洋战争从此进入了一个新的阶段。

日落激流

第二次世界大战太平洋战事

中途岛大海战

中途岛战役于1942年6月4日展开，此战美军损失1艘航空母舰、1艘驱逐舰和147架飞机，阵亡307人；日本却损失了4艘大型航空母舰、1艘巡洋舰、330余架飞机，还有几百名经验丰富的飞行员和3700名舰员。这次战役，美国海军不仅成功地击退了日本海军对中途岛环礁的攻击，还得到了太平洋战区的主动权，因此成为二战太平洋战区的转折点。

山本五十六的
"未号计划"

1942年5月，日本联合舰队司令长官山本五十六坐在旗舰——"大和号"战列舰的办公室里。这艘巍峨巨舰，排水量6800吨，主机15000匹马力，全长244米，如此庞大的"怪物"在日本人眼里是大和民族的象征，被当成一种精神的支柱。

此刻，被视为日本海军的"灵魂"的山本正端着茶杯在冥思苦想。他决心像奇袭珍珠港一样，再赌一把，让美太平洋舰队统统去喂鱼虾。

日本偷袭珍珠港之后的几周之内，立即从本土列岛成扇形向外扩张，在马来半岛和菲律宾群岛登陆，占领关岛、威克岛，控制泰国，占领香港，又进逼新加坡和东印度群岛。

至1942年3月底，日军已控制了东南亚地区和西南太平洋，形成北起千岛群岛，经威克岛、马绍尔群岛、吉尔伯特群岛、所罗门群岛、帝汶岛、爪哇岛、苏门答腊岛、安达曼群岛至缅甸的一道外围防线。

经一连串的胜利，日本联合舰队的战斗舰和航空母舰数量都超过了美国在太平洋的实力，在日本军国主义者看来，战争形势似乎是一片大好。

当日本举国上下为日军在珍珠港的战绩而狂欢之时，山本面对众人的溢美之词，不无忧虑地说："我们只是唤醒了一个巨人。"

他深知美利坚国力雄厚，遭受重创、濒于瘫痪的太平洋舰队很快就会恢复并进一步加强，重新成为日本的严重威胁。

因此，当1942年年初日本海军内部就舰队未来主要攻击方向发生争论时，山本毫不犹豫地主张东进，即以太平洋东部为主要作战区域，以彻底摧

毁美太平洋舰队及其基地为最终目标，并开始着手制订中途岛作战计划。

　　除了澳大利亚和巴布亚新几内亚之外，日本人一时举棋不定，究竟应该以什么手段引诱美国太平洋舰队出来决战。

　　经苦心谋划，山本选择了珍珠港西边大约1100海里的中途岛作为这次决战的战场，提出了一个使美国人落入圈套，不得不战的周密计划——"未号作战"。

　　中途岛由北太平洋上的两个珊瑚岛屿组成，即沙岛和东岛，因其位于连

美国军舰

接亚洲与美洲的太平洋航线的正中而得名。

该岛以东1136海里就是美国太平洋舰队的基地——夏威夷，因此中途岛就成为其西部至关重要的前哨和门户。如果日军夺取中途岛，并利用它作为进攻珍珠港的基地，美军将难以固守。

美丧失珍珠港就意味着日军彻底控制了太平洋，美国的西海岸就随时会暴露在日本战舰的炮口之下。

山本确信，一旦中途岛遭到攻击，美太平洋舰队必然会全部出动，不遗余力地拼死保卫。这样，日本舰队就可以在攻占中途岛的同时与美太平洋舰队决战，并予以全歼，所以中途岛的"未号作战"计划可谓一箭双雕。

不过，"未号作战"计划一出笼，就遭到日军大本营军令部的强烈反对，但山本根本不让步。而就在这场争论越闹越大的同时，由太平洋舰队上起飞的16架美式轰炸机偷偷对日本各主要港口展开系列轰炸。

虽然美军的这次轰炸造成的损失不大，但这是日俄战争以来日本本土受到的第一次空袭，从天皇直至平民百姓无不惊恐万状，与太平洋舰队决战的呼声甚嚣尘上。

◆ 军舰在海上展开

5月5日，永野修身奉天皇之令，终于批准实施"未号作战"计划。战前准备也就此拉开帷幕。

根据"未号作战"计划，将有200多艘舰船参战。其中有战列舰11艘、航空母舰8艘、巡洋舰22艘、驱逐舰65艘、潜艇21艘以及作战飞机7000余架。

参战舰艇消耗的燃油和航行里程，都将超过和平时期日本海军全年的耗油量和航行指标。山本把他的部队分为北、中、南3个集团、5支大的战术部队。

其中，主力部队由山本率领的"大和号"等7艘战列舰、3艘轻巡洋舰以及21艘驱逐舰组成。其主要任务是全歼前来增援的美太平洋舰队。

此外，南云忠一率领"赤城号"等4艘航空母舰，261架飞机和2艘战列舰、2艘重巡洋舰、1艘轻巡洋舰以及11艘驱逐舰组成第一机动部队，其主要任务是轰炸中途岛，消灭该岛及周围的美国海空力量。

中途岛攻击部队则由近藤信竹率领，有2艘战列舰、1艘轻型航空母舰、2艘水上飞机母舰、8艘重巡洋舰、2艘轻巡洋舰、24艘驱逐舰，以及15艘运输舰船搭载5000人的中途岛登陆部队。主要任务是迅速占领中途岛。

北方部队担负袭击阿留申群岛的任务，由细萱戊子郎率领，有2艘航空母舰、2艘重巡洋舰、12艘驱逐舰和6艘潜艇。任务是在对中途岛进攻前攻击阿留申群岛，迷惑并牵制美军，并且还要引诱美舰队北上。

先遣部队则是小松辉久率领的"香取号"轻巡洋舰和15艘潜艇。主要担任作战区的侦察与警戒，查明美军舰队的动向。

从兵力部署看，"未号作战"计划是过去"战列舰万能论"的产物。以战列舰为主力，航空母舰作为支援保护战列舰的机动部队。

这实际上已犯了现代海战的大忌。因为现代海战中舰队实力的决定性因素已经不是战列舰，而是航空母舰了。单从这一方面便不难发现：山本的这次进攻凶多吉少。

尼米兹以逸待劳
巧妙应对

　　珍珠港事件之后，为了恢复美国海军的元气和信心，罗斯福总统亲自改组了海军高级指挥机构。

　　平易近人又足智多谋的海军上将切斯特·尼米兹越过比他资历深的28个军官，被提升为太平洋舰队司令，取代了金梅尔上将的位置。

　　与山本不同的是，尼米兹从珍珠港事件中很快吸取教训，用航空母舰作为舰队主力，以4艘航空母舰为核心组成几支不大的特混舰队，巧妙地与日军进行了连续作战。这期间尤其是杜立特中校率机对东京的轰炸及美日珊瑚海海战，更是大大鼓舞了美军士气，也为航空母舰作战积累了宝贵经验，形成了以航空兵为核心力量进行海战的作战原则。

　　此外，与山本不同的另一点是，尼米兹执掌太平洋舰队后，特别注意日军情报的收集。这一点使他大大受益。

　　美国在珍珠港事件之前，即能破译日本的密码。在珊瑚海之战结束后，尼米兹上将就掌握了日军将在1942年6月初对中途岛和阿留申群岛同时发动进攻的计划。通过破译截获的日军电报，美方不仅查明了参加作战的日军部队和舰只，而且连各舰队的航线甚至舰长姓名都了解得一清二楚。

　　尼米兹上将决定将计就计，先在中途岛建立海陆空立体防御体系，然后在海上设置陷阱，打击日军。

　　与此同时，从5月30日起，侦察机开始在距岛700海里范围内进行不间断警戒搜索。但客观的事实仍然令美国人忧心忡忡。

　　尼米兹能结集起来的海军力量实在不足以与日本联合舰队对抗：除"企

业号"和"大黄蜂号"两艘航空母舰外，能够调集的只有8艘巡洋舰和14艘驱逐舰。

因为在历经珍珠港惨案后，美军太平洋舰队已经损失得差不多了，上述兵力已是其在太平洋的"全部积蓄"。

1942年5月21日，在珊瑚海战斗中负伤的航空母舰"约克城号"摇摇晃晃地开入珍珠港。由于情况紧急，早在5月28日，"企业号"和"大黄蜂号"由斯普鲁恩斯少将率领先期驶离珍珠港。

而"约克城号"则由弗莱彻少将指挥，竟带着仍在日夜不停地进行抢修的大量技工拔锚起航，前往中途岛东北与舰队会合后，便进入预定伏击位置。而美国舰队驶过时留下的航迹消失不到一小时，日本潜艇就在此布置了警戒线。

由于调集兵力的及时，至6月1日，尼米兹手中已经掌握有3艘航空母舰、8艘巡洋舰、14艘驱逐舰和约20艘潜艇的舰队。这些数量与日本庞大的舰队相比自然是小巫见大巫了。他把这少得可怜的兵力分成两支航空母舰特混舰队。雷蒙德·斯普鲁恩斯海军少将率领第十六特混舰队，包括"企业号"、

"大黄蜂号"航空母舰以及5艘重巡洋舰和9艘驱逐舰。第十七特混舰队由弗兰克·弗莱彻海军少将指挥，由"约克城号"航空母舰、2艘重巡洋舰和6艘驱逐舰组成。

由于对自己的优势力量过于自信，山本的舰队在航行中虽然一再截听到珍珠港美军电报频繁，但却没有引起警觉，更没有发现美军太平洋舰队已经出动。联合舰队冒着大雾向中途岛进发。

6月3日凌晨，日军在阿留申方面的先遣部队冒着大雾火速向荷兰港靠近。几小时后，由志贺淑雄率领23架轰炸机和12架战斗机，从"龙骧号"和"隼鹰号"航母的飞行甲板上小心翼翼地起飞，直插180海里以外的荷兰港。经过一小时的飞行，这群轰炸机攻击了港口的电台和油库，战斗机扫射了停在水面的水上飞机，除一架战斗机被岛上炮火击中后迫降外，其余全部安全返航。

第二天，日军再次空袭了荷兰港。4天后，日本甚至在阿图岛和基斯卡岛登陆。但由于美国太平洋舰队司令尼米兹早已破解了日军密码，所以并不上当，而是专心致志地注视着中太平洋上另一场更大规模的激战。

6月3日上午8时，由中途岛起飞的水上飞机发现日军南方集团的舰船，机员判断这就是日军的主力。但尼米兹判断这些舰船不是日军主力，因此，仍然把美军航母掌握在手中，没有投入战斗。

这些情况接二连三地报到"大和号"上，使山本忧心忡忡，心也顿时凉了半截。因为这说明美军已发现他们的企图，原来的奇袭计划已不能实现。

日军航母舰队
败退太平洋

　　1942年6月4日4时30分，日军终于开始了对中途岛的攻击。当东方的天空微微发白，水天线隐约可见时，在中途岛西北240海里水域，日军"赤城号"等4艘航空母舰的飞机引擎一个接一个地发动起来，渐渐形成一片尖嘶声。

　　在狂热的欢呼声中，72架高空水平轰炸机和俯冲轰炸机以及36架"零式"战斗机，组成第一攻击波，于15分钟内按顺序起飞，在友永丈市率领下，飞机编队绕舰队一周，吼叫着向中途岛飞去。

　　紧接着，南云又命令第二攻击波的108架飞机进行出发准备。升降机把一架架飞机提到甲板上，再推到起飞线前，军械人员用车子把鱼雷从弹药舱拖出来，装到飞机上。当一轮红日升起时，飞行甲板上又排满了准备攻击美军特混舰队的飞机。

　　在日军攻击中途岛的机队起飞的同时，美军的"约克城号"也派出10架俯冲轰炸机搜索日本航母的位置。中途岛方面美军则派出18架水上飞机和16架Ｂ-17轰炸机群寻找日本舰队究竟何在。

　　5时30分，美一架水上飞机发现"赤城号"航母，并向中途岛通知其位置。"企业号"航母截听到这则电讯，再将消息转告"约克城号"。

　　与此同时，蝗虫般的日本机群在距中途岛50海里处为美军侦察机发现。

　　6时整，中途岛上响起凄厉的战斗警报声，全部美机陆续升空。

　　6时45分，日机飞临，早已在此等候多时的26架美军"野猫式"战斗机马上开始拦截，但迅即为性能优良的日本"零式"战斗机击败，日本轰炸机全

部进入中途岛上空。

空荡荡的机场及其他地面设施遭到日机的狂轰滥炸，但由于事先得到了空袭警报，作为日机主要攻击目标的美航空兵力却未受到损失。友永丈市发电报将双方战况向南云做了汇报。

狡猾的南云只派出一半的飞机去攻击中途岛，为防止附近出现美航空母舰，他特意将第一流的具有攻舰经验的飞行员留下，并将余下飞机升至飞行甲板、装上攻舰鱼雷。

收到友永电报后，南云开始考虑让准备攻舰的飞机作为第二攻击波再度袭击中途岛。这样，可以乘中途岛升空美机油燃尽着陆之时，将其全部击毁

飞机轰炸

在地面。

像是要催促南云赶快下定决心似的，7时10分，从中途岛起飞的美机出现在南云的航空母舰上空，并开始向南云的航空母舰发动报复性攻击。

只见美军6架鱼雷机和4架轰炸机首先向日本舰队冲来，刹时日舰上的各种防空火炮在空中织成火网，护航的"零式"战斗机也猛扑下来，转眼之间7架美机就被击落，余下3架在实施了没有成效的攻击之后，侥幸逃走。

那么，在这种对攻中，美军的其他主力舰队又在干什么呢？就在6月4日凌晨，在中途岛东北350公里处，弗莱彻指挥的第十七特混舰队和斯普鲁恩斯的第十六特混舰队，正顶着西南风行驶。

6时，"约克城号"的侦察员报告，发现两艘日军航母。弗莱彻下令加速前进，给日军以重创。

7时，日舰已在美机攻击距离之内，"企业号"与"大黄蜂号"转向迎风疾驶以帮助飞机起飞。很快，20多架战斗机、70多架轰炸机和40多架鱼雷攻击机一齐出动，直扑日军而去。

可惜的是，"大黄蜂号"起飞的鱼雷机和护航战斗机在半路分散了，当他们发现日军航母之后，立刻将日军的新位置报告"大黄蜂号"。然后，就在无掩护之下开始攻击。

日军观察员也很快便发现美15架鱼雷机。在无护航的状况下，行动缓慢的美军鱼雷机根本逃不过"零式"战斗机的掌心。15架鱼雷机被击落，30名飞行员只有一人生还。

15分钟之后，"企业号"和"约克城号"的鱼雷机也找到日本舰队的位置并发起攻击。但他们也被"零式"战斗机打得七零八落，鱼雷机只有6架生还。美军鱼雷机前后总计竟被击落35架，而日军舰没有损伤一分一毫。

"大黄蜂号"的俯冲轰炸机和伴随的战斗机，跟鱼雷机分开后，却没有找到日军航母。等他们接到日航母新位置报告的时候，燃油已经不够了。结果俯冲轰炸机之中有21架回到"大黄蜂号"，另外14架前往中途岛。伴随的10架战斗机因为燃油不足，只得迫降在海面。

此外，"企业号"的俯冲轰炸机也无法在预定的拦截点找到日本航母。但是，他们的领队毕竟经验丰富，果断地下令转向北方搜索。

终于，在25分钟之后，他们发现正在海面上闪避美军鱼雷机的日本舰队。但因为云层遮掩，美军只看见两艘日本航母，于是他们分成两组，各攻击一艘。

那些日本航母，实在没料到美机来得如此迅猛，它们刚刚赶走美军的鱼雷机，转向迎风正准备起飞攻击飞机前往打击美军航母时，灾难已经悄然降临。

持续的鱼雷机干扰，已经阻碍攻击飞机起飞达半小时以上。

突然日军观察员一声惊呼："敌机来了！"

第二次世界大战太平洋战事

慌乱之中，日军只有少数机枪调转方向射击，但这种小打小闹式的还击根本没什么大的效果。随着几声巨响，"赤城号"的甲板上被炸开了一个大洞，中央升降机也被炸毁。

接着，那些仓促中没有放回弹药库的炸弹开始爆炸。没过多久，新的惨景又出现了：另外几艘航母也遭到了几乎同样的命运，也笼罩在火焰中。

只见"赤城号"中弹之后，火势持续增强，已经丧失了担任旗舰的指挥功能，南云忠一被迫离舰。"赤城号"火势不熄，但到黄昏仍未沉没。

此外，"加贺号"遭受4枚炸弹，舰桥上的人员，包括舰长，全被炸死。该舰的飞行部队长高久天城中校接管指挥权。

火势似乎已被控制，但是装汽油的几个大油箱却在飞行甲板上爆炸，火焰蔓延到整个甲板。

下午时分，高久下令弃舰。黄昏时分，"加贺号"内部发生两次猛烈爆炸，舰身裂开并迅速下沉。

而"苍龙号"至少被3枚炸弹击中，整个飞行甲板都被烈焰笼罩，甲板上堆置的弹药被引爆，因此很难确切判断究竟被几枚炸弹击中。

中弹之后10分钟内，"苍龙号"的轮机停止运转。下层舱间，随之发生剧烈爆炸。舰长竭尽全力挽救，无奈大势已去，只得下令弃舰。但是舰长本人却留在舰桥上与舰共存亡。傍晚时分，"苍龙号"的舰尾先下沉，舰首高高耸立，一如当年"泰坦尼克号"下沉的姿势，其舰身也突地"咔嚓"一声发生断裂，然后又缓缓沉没。

尽管此时南云忠一的舰队情况十分危急，但他仍未放弃轰炸美军舰队的计划。随着他一声令下，又有18架俯冲轰炸机由6架"零式"战斗机护航飞向美舰的位置。

但早有防备的美军依靠雷达的帮助，在80海里外即知日机来袭，并紧急起飞战斗机迎击。日军18架俯冲轰炸机以"约克城号"为目标，只有5架通过火网，3枚炸弹命中，一枚甚至由烟囱钻入机房，"约克城号"一时陷入混乱之中。

就在"约克城号"挨炸的时候，"苍龙号"的侦察机回到日本舰队上空。

但此时"苍龙号"已经是一片火海，飞行员只得降在"飞龙号"上，并向山口报告，美军一共有"约克城""大黄蜂"及"企业号"3艘航母。

山口大吃一惊，即使他刚才派出的攻击波是成功的，美军仍有2比1的优势。他立刻把舰上剩余的10架鱼雷机和6架战斗机全部派出。

第二批日机在途中遇到第一批攻击仅存的5架生还者，它们又一起再度向美舰发起攻击。但"约克城号"在两小时之内就修复大部分损伤，当"飞龙号"的第二批攻击兵力再度找到"约克城号"的时候，因为雷达的预警，美军已有准备。

结果，日军损失惨重，仅命中两枚鱼雷。两小时后，仅剩的5架鱼雷机与3架战斗机回到"飞龙号"，因为没有认清两次都攻击同一艘航母，山口相信他和美军已经扯平到一艘对一艘的状况。

终于，在下午16时之前，美国一架侦察机发现了"飞龙号"的位置。于是美军起飞40架俯冲轰炸机前往攻击"飞龙号"。

在俯冲之后，他们命中4枚炸弹，"飞龙号"立刻成为一片火海，随后的美机纷纷转移目标去轰炸其他日舰。

经过好几小时的焚烧，"飞龙号"一直漂浮到6月5日8时20分左右才沉下去，生还者被美舰救起，成为美军的俘虏。

不久，山本收到南云的"赤诚号"等起火的电报后，便恼羞成怒地命令主力舰队高速向海战现场逼近，企图倚仗其舰众炮巨与美太平洋舰队决战，以挽回面子。

但当急驶中的日本舰队渐渐为夜幕笼罩时，气急败坏的山本逐渐冷静下来，理智告诉他，如果没有空中掩护，天亮之后，珍珠港的悲剧将再现，只不过被摧毁的将是日本战舰。

6月5日凌晨，面色铁青的山本在"大和号"指挥舰自己的办公室里痛苦地下令：

第二次世界大战太平洋战事

撤销中途岛作战计划!

中途岛海战的最后一幕是"约克城号"航空母舰的沉没。

6月6日天亮后不久,一艘日本潜艇偷偷地靠近正被拖曳着向珍珠港驶去的"约克城号"。

日潜艇发射鱼雷后,行动艰难的"约克城号"根本无法躲闪,身中两枚鱼雷,不久便缓缓沉没,为中途岛大海战献上最后一份祭品。

在这场血淋淋的中途岛海战中,美军以损失1艘航空母舰、1艘驱逐舰和147架飞机的代价,击沉了日军4艘航空母舰、1艘重巡洋舰,并使其损失了330余架飞机和几百名技术高超、经验丰富、身经百战的飞行员、机务人员。

这是自中俄甲午海战后,一直横行西太平洋的日本海军的第一次惨败,日军从此丧失了在太平洋上的优势。日美双方在太平洋战场的战略攻防从此开始转换,曾经不可一世的日本也从这时起开始走下坡路了!

日落激流

第二次世界大战太平洋战事

日美瓜岛喋血

　　1942年7月31日，美军舰队从斐济起航前往瓜岛。8月7日，登陆编队对瓜岛实施火力打击。9时40分，第一波登陆部队开始上陆。围绕着瓜岛的争夺，日美双方在6个月的时间里进行过大小海战30余次。双方损失的驱逐舰以上的舰只各24艘，美军伤亡约5800人；日本海军沉没航空母舰1艘、战列舰2艘、巡洋舰4艘、驱逐舰11艘和潜艇6艘，伤亡2.5万人。

美太平洋舰队
登陆瓜岛

中途岛海战的失败，对自以为天下无敌的日军是个沉重的打击。山本五十六所希望的短期决战、早期和谈就此破灭，日美海军实力对比发生逆转。

然而，日本不相信美国会很快发动反攻。从当时的形势来看，虽然日本海军在中途岛海战中丧失了4艘精锐的航空母舰，但其对胜利的前景并没有失去信心。山本的联合舰队中还有不少大型航空母舰和能征善战的将士。

在常规舰队方面，山本五十六的联合舰队的水上兵力几乎没有受到什么损伤，其实力几乎相当于美太平洋舰队的两倍。如果在广阔的太平洋上进行角逐，日本海军并不是没有赢得胜利的希望。山本对这一点十分清楚，然而他对如何寻找美舰队进行决战，心里却没有底。

中途岛海战结束后刚过一周，日本大本营就取消了原定于1942年7月侵占新喀里多尼亚、斐济、萨摩亚等岛屿的计划。但日军并非意识到了自己的实力已大为削弱而放弃实施对南太平洋诸岛的进攻，而是计划先在瓜岛修建航空基地，派出航空兵力掩护对新几内亚岛的莫尔兹比港的进攻。在新几内亚岛站稳脚跟后，再向东南逐步推进，紧逼同盟国在南太平洋上的重要基地——澳大利亚，以此重新夺回战略主动权。

为实现这一战略企图，日本大本营陆军部大力充实于1942年5月组建的第十七军。该军由天皇侍从武官长的弟弟百武晴吉中将任军长，军部设在新不列颠岛的拉包尔。至8月初，该军已辖有南海支队、一木支队、青叶支队等部，总兵力约13个大队，集结于新几内亚东部和俾斯麦群岛，担负攻占莫尔兹比港的任务。

日本大本营海军部则于1942年7月成立第八舰队，任命三川军一中将为司令，下辖第六和第十八战队和第二十九、第三十驱逐舰大队，第七、第十三和第二十一潜艇战队，拥有包括重巡洋舰4艘、轻巡洋舰3艘在内的多艘军舰和潜艇，主力部署于拉包尔，协同第十七军作战。联合舰队还增派第二十五航空战队所辖的百余架岸基飞机进驻拉包尔，提供空中掩护。

日军继1942年1月进占拉包尔，并将这个港口和附近的机场建设成南太平洋最重要的海空基地后，又于1942年5月，占领了图拉吉岛。这个岛是南太平洋海空交通的枢纽要地，原是英属所罗门群岛保护地的首府，由澳大利亚委派的总督常驻在这里。日本占领这个岛，主要是想建水上飞机基地。日军占领该岛后就开始修建机场，并对附近岛屿进行勘察，发现瓜达尔卡纳尔岛（简称瓜岛）比图拉吉岛更适合建机场。

6月16日，日军派门前鼎大佐率第十一工兵队约2000名工兵登上瓜岛，开始修筑机场。

7月1日，又加派冈村德长少佐率第十三工兵队约700名工兵上岛，加强施工力量，并限令于8月5日前完工。经过紧张的施工，至8月初，瓜岛机场已基本建成，辅助设施也大体完工。此时，瓜岛有日军工兵2700人、警备部队240人，共约2940人。

这个时候，美国太平洋舰队作战情报处破译了日本海军的第二十五号密码电报，得知了这个岛上的消息。

如果瓜岛机场修成，日军从这一机场起飞的飞机就能够到达圣埃斯皮里图岛、埃法特岛、新喀里多尼亚岛一线，将严重威胁美国至澳大利亚的海上交通线。美国当然不能等闲视之。

自从中途岛大捷以后，美军士气大振，一直跃跃欲试，准备发起反攻。美国海军作战部长欧内斯特·金上将在中途岛战役胜利后说：

中途岛战斗是日本海军350年以来的第一次决定性的败仗。它结束了日本长期的攻势，恢复了太平洋海军力量的均势，解除

日落激流

了日本对夏威夷及美国本土的威胁。

此后，日军作战将限于南太平洋了。在这有限的地区，我们也必定成功。我们的战力增强，敌我之间已接近到战前之形势，而我将更加强大。

自开战以来，一直被动的美国准备反击了。美军知道，必须在日军修完机场之前夺取该地，谁在作战中首先使用这个机场，谁就能赢得胜利。

7月31日，美军舰队从斐济起航。

美军指挥官罗伯特·戈姆利海军中将几乎动用了太平洋舰队的全部力

美国太平洋舰队

量：23艘运输船，在特纳海军少将的指挥下运送美海军陆战第一师18000人；为登陆运输船队护航的是8艘巡洋舰和9艘驱逐舰，指挥官为英国海军少将克拉奇雷；空中支援编队由"萨拉托加号""大黄蜂号""企业号"航空母舰3艘，战列舰"北卡罗林纳号"及重巡洋舰5艘、轻巡洋舰1艘、驱逐舰16艘、油船3艘组成，指挥官为弗莱彻海军中将，旗舰是"萨拉托加号"。

8月6日晚，美军登陆编队已到达距瓜岛约60海里的海域。借助恶劣天气的掩护，美军的行踪一直未被日军发现。在登陆编队航渡的同时，驻埃法特岛和圣埃斯皮里图岛的美军航空部队出动B-17轰炸机对所罗门群岛的日军进行了压制空袭；从新几内亚岛起飞的美军飞机则密切监视俾斯麦群岛和新几内亚岛东北部的日军。

美军计划在7日登陆。此前两天，日军在瓜岛的飞机场基本完工。但由于日军正忙于莫尔兹比港方面的作战，根本未顾得上向瓜岛派驻攻击机。

正在瓜岛上的工兵指挥官冈村德长发现美军有登陆的迹象，遂向设在拉包尔的第八舰队司令部发电报，要求向瓜岛派驻飞机。

当时，在瓜岛的日军兵力只有第十一和第十三工兵营共2700名士兵，外加负责机场守备的作战部队240人。对岸的图拉吉岛也只有约740名士兵在防守，其他有飞艇5架、水上战斗机5架，武器只有小炮和若干机枪，几乎没有重武器。

8月7日5时30分，美舰载机从3

艘航空母舰上起飞。6时13分，"无畏式"俯冲轰炸机开始对瓜岛、图拉吉岛实施航空火力攻击。惊天动地的空中轰炸和海面炮击，把尚在弥漫的晨雾中酣睡的瓜岛震醒。一支庞大的攻击部队，穿过阴沉恐怖的海面，驶入瓜岛和图拉吉岛海域。

美国海军陆战队第一师师长范德格里夫特少将指挥的登陆部队，在充满热带风光的图拉吉岛和瓜岛大举登陆。

其实，在执行夺岛任务前，当范德格里夫特少将将整个行动的队伍都集结到新西兰的惠灵顿时，由于那里的后勤保障跟不上，海军没有提供足够的船只运输对于瓜岛和图拉吉岛登陆战来说至关重要的食品、武器和燃料等物资，内心曾对此次行动产生怀疑。但由于他深知如果不阻止日军在所罗门群岛的进攻，后果会非常严重。因此，当时尽管困难重重，他还是下令自己的陆战队作好战斗准备。

根据美军指挥高层制订的作战计划，海军负责把攻击图拉吉岛的兵力向北运到目的地，把攻击瓜岛的兵力向南运到目的地，范德格里夫特少将率领陆战队第一师执行进攻的任务，而当陆战队夺取并且守卫住滩头阵地之后，陆军就会来接替他们。

当天9时40分，在舰炮和航空火力支援下，范德格里夫特的第一波登陆部队顺利登陆，第五陆战团团长亨特上校身先士卒冲上滩头，部队紧跟在后冲上岸，逐步扩大滩头，向纵深发展。

随后，滩头控制组上岸，组织后续部队有序上岸。由于日军的情报机关根本没能预见到美军的登陆，因此岛上的日军毫无准备，而且岛上的日军虽说是工兵部队，其实是修建机场的朝鲜劳工，没带什么武器。他们没敢抵抗就逃入丛林。到日落时美军已有1.1万余人登上海岛。

但由于没有准确的地图，美军上岸后只能在丛林中摸索前进，直到第二天早晨才到达机场，少数日本警备部队看到美军大兵压境虽然吃惊，但是仍然快速组织起了抵抗，他们从山洞里面或者借助其他地形地貌，或者从人造的防空壕内抵御美军的进攻，直到被手榴弹或者炸药炸死为止。

此役，日军战死700人，差不多占全部守军的90%，其中的很多人死于自杀式的进攻。范德格里夫特少将的陆战队阵亡或失踪144人，受伤200人。

这次战斗使美军海军陆战队员明白了两件事情，一是日军坚守阵地直至最后一人的决心，二是进攻深沟高垒的岛屿的困难。

此后，山峦起伏的瓜岛上，美军几乎没有遇到什么抵抗，就轻而易举地夺下了机场。日本人修建的机场跑道已经有80%完工，塔台、发电厂也已建成。

美国陆战队占领机场后，还缴获了大批粮食、建筑设备和建筑材料。当然，最受队员们欢迎的战利品却是几百箱日本啤酒和一个完好的冷冻加工厂。

尽管瓜岛登陆战非常成功，但范德格里夫特少将深知，这是在日军几乎没有防御情况下取得的，如果日军稍有准备，美军必将遭受重大缺失。而且

登陆中的军队

在登陆中，美军也暴露了不少问题，如海岸控制组人手太少，不得不动用战斗部队进行物资卸载。又如有的人在海滩上忙得喘不过气来，有的人却闲来无事在海滩上晒日光浴，或到丛林中打鸟，等等。不过，虽然有这样那样的不足，他们总算顺利登上了瓜岛。

这是美国海军自1898年以来在太平洋发动的第一次成功的两栖登陆作战。然而，日军虽然失守瓜岛，却没有打算就此把岛拱手让给美军，此后用尽一切手段试图夺回该岛。开始了日美两国陆海空军部队在南太平洋上的这个山脉高耸、溪流湍急、蛇蝎出没、毒蚊如云的热带岛屿上长达半年之久的恶战。

这场后来被称为瓜岛争夺战的战斗，成为太平洋战争中最为惨烈的战例。

8月8日，瓜岛上的陆战队听到了坏消息。弗莱彻海军中将说，由于他的

❶ 陆战队员们在扑灭战斗机上的火星

舰队损失了太多的飞机，而且战舰需要加油，他决定把航空母舰撤离这个地区。因为在登陆战开始前，他也仅承诺舰队在这里呆两天。

这就意味着尽管陆战队兵力并没有完成登陆，而且海滩上的陆战队需要的大半重要物资还没有来得及卸下船来，但是此次登陆作战的总指挥特纳海军少将必须带领运输舰离开。第二天，不管运输舰和补给舰上的物资卸完没有，特纳都必须离开。

范德格里夫特少将马上下令紧急抢卸物资，但是这次抢卸行动也无法顺利完成。当天夜里，一支日军海军小舰队悄悄穿越美军的警戒线，引发了持续40分钟的萨沃岛海战。在激烈的战斗中日军击沉了4艘美军巡洋舰，由于日军担心美军的航空母舰还在附近，不想在白天受到美军的空中打击，因此撤离了战场，返回了拉包尔。

此役，美军的运输舰尽管没有受到任何损失，但是第二天早上它们还是起锚离开了瓜岛。这下，陆战队第一师的1万余名官兵被孤零零地扔在了这座岛上——没人知道他们能孤独地支撑多久。

更要命的是，日军轰炸机每天中午都来轰炸，日本皇家海军的巡洋舰和驱逐舰也几乎每天晚上都来轰炸，部队食品能维持的时间只能以天来计算，再加上防卫海滩的大炮还没有来得及从运输舰上卸下，运输舰就离开往新喀里多尼亚岛而去，驻守在滩头的范德格里夫特的海军陆战队真不知道还能支持多长时间。

但是，尽管日军不停地骚扰这里，范德格里夫特少将还是稳稳地守住了这座岛屿，而且完成了从日军手里夺来的跑道的建设。范德格里夫特少将把这条跑道命名为亨德森机场，以此纪念一位在中途岛战役中牺牲的陆战队飞行员——罗夫顿·R·亨德森少校。

跑道建设得非常成功。8月20日，范德格里夫特少将就向这里派出了第一支飞行分队，12架"无畏式"俯冲轰炸机。随后，陆续又有不少战机抵达，范德格里夫特少将把这些飞机组合起来编成了一支飞行大队——"仙人掌飞行队"，仙人掌即是瓜岛的代号。

　　远在拉包尔的三川中将在得知美军大举进攻瓜岛和图拉吉岛之后，才意识到在这之前未能向瓜岛派驻飞机是个严重的错误。

　　他当即命令驻拉包尔的航空舰队出击，轰炸在瓜岛登陆的船队，并出动一切可以出动的舰只，前往瓜岛美军锚地，准备夜间与美舰队进行决战，决心不让美军登陆企图得逞。

　　8月7日下午15时，三川舰队从拉包尔起航，8艘军舰在圣乔治水道会合。它们分别是重巡洋舰"鸟海号"、"青叶号"、"加古号"、"衣笠号"、"古鹰号"，轻巡洋舰"天龙号"、"夕张号"，驱逐舰"夕风号"。8艘战舰像一群凶恶的鲨鱼，在漆黑的洋面上以每小时24节的速度直奔瓜岛。

　　8日上午9时半，三川舰队在离瓜岛300海里处被一架澳大利亚的侦察机发现。三川中将为了欺骗侦察机飞行员，下令改变航向，驶向拉包尔。侦察机飞走后，舰队随即恢复到原航向。

　　这位受骗的澳大利亚侦察机飞行员并没有马上向基地报告，而是一直拖延了6个小时之后才报告，而且还误报日舰队中有两艘水上母舰。这使特纳少将误认为日舰队是要去某个海岛修建水上飞机场，因而未采取任何防范措施。

　　本来，三川对这次出击能否取得战果十分担心，主要是害怕美军航空母舰。然而幸运的是，8日午后，弗莱彻中将以飞机损失和燃料不足为由，将航空母舰特混舰队撤出了瓜岛水域。

　　就这样，幸运的三川奇迹般地在光天化日之下顺利地通过了美机严加巡逻、侦察的布干维尔海峡。

　　8日下午16时40分，三川用灯光信号向各舰下达了一个简单而具体的战斗计划：首先对停泊在瓜岛锚地的美舰进行鱼雷攻击，然后横渡到图拉吉港区用舰炮和鱼雷攻击那里的美舰船。舰队将从萨沃岛以西高速进入，从萨沃岛以东撤出。

　　21时10分，日军5艘重巡洋舰再次派出水上飞机，前往目标水域进行战术侦察，并负责投掷照明弹。接着"鸟海号"一马当先，各舰尾随在后，以

第二次世界大战太平洋战事

间距1000米的距离，排成单纵列，以28海里的速度向前冲去。此时，美军仍未发现有舰队攻来。

日军在黑暗中行驶，虽然没有雷达，可是他们的许多士兵却具有非凡的夜间目测能力，这是一种在实战中锻炼出来的对环境的适应力。

"右30度，看到舰影，距离10000米。""鸟海号"舰上的瞭望员高声喊道。这是美军正在巡逻的驱逐舰。

"右炮准备炮战。"巨炮旋转，瞄准舰影。但三川还不希望此时接战，以免打草惊蛇。因而下令改变航向左30度，速度降到22海里，企图悄悄穿过去。

双方军舰越来越靠近了，但美驱逐舰仍未发现他们。幸运女神再次向三川舰队送来秋波，三川舰队正好航行在美两艘驱逐舰巡逻区的交接点上。

9日凌晨1时30分，日舰再度提高航速。瞭望员也于此时发现了3艘重巡洋舰，这正是美军主力，前面的是重巡洋舰"堪培拉号"，后面是"芝加哥号"。"鸟海号"舰长早川立即命令："发射鱼雷！"

直至1时43分，美驱逐舰"帕特森号"才首先发现日舰队。它当即用无线电发出警报："警报——警报，未判明舰只正在进港！"

但为时已经太晚，一架日本侦察机已凌空投下照明弹，把"芝加哥号"和"堪培拉号"的舰身照得一清二楚。

"射击开始！"一声令下，"鸟海号"上的探照灯突然亮起，并捕捉住了航行中的美舰队重巡洋舰"堪培拉号"。霎时间，10门主炮同时开火。

就在这时，"堪培拉号"发现一条直驶过来的雷迹，哥丁上校急忙指挥战舰左满舵躲避。可还是迟了一步，只听"轰"的一声巨响，在舰的中央部位升起一股巨大的水柱，一群人被抛到空中。

接着又是一声爆炸，舰身突然向左倾斜。巨大的炮击声不断从左侧黑暗中传来，哥丁舰长命令："左舷炮战！快！快！"

可是当主炮正向左旋转时，日舰射击的炮弹已呼啸而至，瞬间就有24发炮弹打在"堪培拉号"上。

"堪培拉号"顽强地回击两枚鱼雷和几发炮弹后，主机就不转了，大火

081

蔓延到整个甲板上，甲板上到处都是倒毙的尸体，舰长也被击毙，"堪培拉号"于9日晨8时沉入了大海。

跟随在"堪培拉号"后面的"芝加哥号"的运气也好不到哪里，舰首被鱼雷击中，爆炸掀起的水柱使前甲板涌满了海水。同时，该舰前部又被日军巡洋舰发射的一发炮弹击中，死伤惨重。"芝加哥号"只好脱离编队，撤出了战斗。

三川舰队此时又接到侦察机的报告，得知北方有美舰警戒。于是，便向左转换方向，杀向美北区巡逻舰队。

黑暗中，日舰队因故障在变换航向时分成两队，结果无意中形成了对美舰队的两面夹攻之势。"鸟海号"接近美舰后立即打开探照灯捕捉目标，并开始发射鱼雷、展开炮战。刹那间，海面上曳光弹弹道穿梭往来，在茫茫的夜空中织出了一道道光怪陆离的图案。

最初，美舰还以为是友军舰队，遂打开识别信号灯。这正好给日舰指明了目标，使日舰队的奇袭再度成功。在一小时的炮战中，日舰队击沉美重巡洋舰"文森斯号"和"昆西号"，"阿斯托里亚号"受重伤后也于9日中午沉没。

面对美南区巡逻队早已溃不成军、北区巡逻队几乎全军覆灭的有利形势，三川若乘胜进击，很可能全歼瓜岛附近海域的美军运输舰船。然而，就在这个节骨眼上，美航空母舰的阴影又笼罩了三川的心头，心虚的三川突然下令舰队返航，撤出战斗。

这次海战，日军取得了压倒性的胜利，共击沉美巡洋舰4艘，重创美巡洋舰1艘、驱逐舰2艘，击毙、击伤美军1700余人。而日舰除"加古号"在返航时被美潜艇击沉以外，无一重伤，日军死亡58人，伤53人，可谓大获全胜。

由于三川舰队没能及时扩大战果，放弃了乘胜摧毁美运输船队的大好机会，使山本五十六大为不满。他本来就为中途岛的失败窝了一肚子火，三川舰队无疑是火上加油。

所以，在得知美航空母舰特混编队出现在所罗门海域时，赌博的天性使他认为所罗门海域或许正是他挽回损失的最好场所。他决心孤注一掷，拿出

其全部家当与美太平洋舰队拼死一搏，争取全歼美太平洋舰队，雪洗中途岛的耻辱。

为实现这一目的，山本下令联合舰队主力向瓜岛北方海域集中。8月11日，近藤指挥的第二舰队驶离本土。8月16日，南云指挥的第三舰队出港，并令驻守在提安尼岛的第十一航空舰队司令部移往拉包尔。8月17日，山本亲率"大和号"，由丰后水道南下出击。

这一次日本联合舰队是倾巢而出：瓜岛支援舰队由海军中将近藤指挥，该编队由第二舰队和第三舰队组成，实力雄厚，拥有航空母舰"翔鹤号""瑞鹤号""瑞凤号""飞鹰号""隼鹰号""龙骧号"6艘，以及若干艘战列舰、巡洋舰、驱逐舰，大小舰船共40余艘。

尽管日本在瓜岛集结了庞大的兵力，但是日本内部陆海军的战略并不统

美国海军陆战队第一师师长范德格里夫特少将

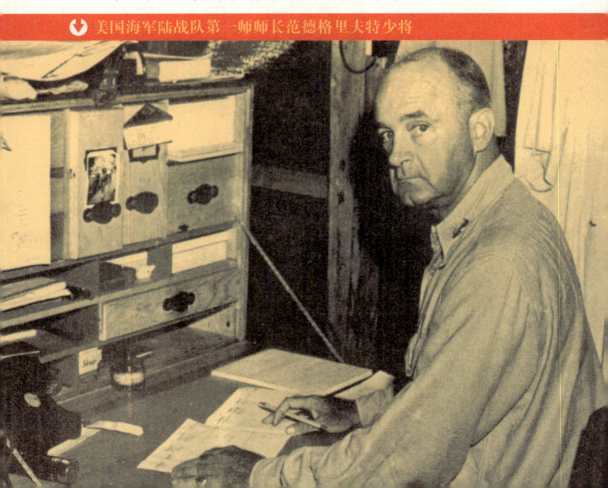

一。山本的意图虽然想和美军在此海域决战，但更多的是想报中途岛之仇，他根本没有认真考虑美军已在瓜岛地区投入的反攻力量。

而日本陆军则更荒唐，以为美军是一支毫无战斗力的部队，根本未想到美军会利用瓜岛作为其反攻的起跳板，所以只想草草了事地应付一下。

驻守拉包尔的日本陆军第十七军军长百武晴吉认为，在瓜岛登陆的美军不过2000人，而自己只要派出1000人就足以对付这些毫无战斗力可言的美军了。

他做梦也没有想到，登陆瓜岛的美军是一支装备了各式重武器、共拥有1.8万人的大部队。所以，他将主力继续用于莫尔兹比港作战，只抽调6000人用于瓜岛。

8月16日，百武晴吉派一木清直率先遣队1000余人分乘6艘驱逐舰从特鲁克海军基地出发。一木清直早在1937年时，就在直接挑起"七七事变"的日军牟田口联队中充任第三大队大队长。在卢沟桥，他曾亲率部队向宛平县城发起首次进攻，是屠杀中国人民的刽子手、一个恶贯满盈的战犯。

太平洋战争爆发后，一木被日军统帅部任命为进攻中途岛的登陆部队指挥官。无奈中途岛海战中日军受挫，没有给他立功的机会。这次瓜岛告急，他又被派上了用场。

8月18日夜，一木率队在亨德森机场以东约30公里处顺利登上瓜岛。骄横自负的一木认为美军不堪一击，不等后续部队到达，就留下125人守着滩头，率领900余人向机场扑去。由于美军的兵力集中在机场，所以日军一路上并没有遇到任何阻拦。一木满怀信心，向拉包尔的第十七军军部报告："根本没有敌人，就像在无人区行军。"

8月19日，美军的一个潜伏侦察哨发现了日军。不幸的是，这名叫沃查的上士随即被日军捕获，遭到了严刑拷打，但他毫不屈服，什么也没说。晚上乘日军不备他咬断了绳子，带着满身的伤痕逃回美军阵地报告。

8月20日，日军的一支40人的侦察小队与美军的一支巡逻队遭遇，美军打死了31名日军，还缴获了一张已经标注好的地图。

　　根据这一地图，范德格里夫特发现日军已经了解到美军防线上的薄弱环节。于是，他立即进行了调整，做好了充分准备，在日军可能的进攻地点架设了带刺的铁丝网，布置了机枪火力点。

　　8月21日凌晨1时30分，一木支队的第一批500名士兵向守卫在特纳鲁河口的美军发起了猛烈的攻击。在迫击炮、机枪和自动枪声以及日军刺耳的狂叫声中，美军依托防御工事进行了坚决抗击。潮水一般涌来的日军士兵被美军密集的火力打得人仰马翻，日军在美军阵地前留下一大堆尸体之后败退下去。不久，第二攻击波又冲了上来，仍然没有一个士兵能冲到美军阵地的铁丝网前，留下一堆尸体后又再次败下阵去。

　　看到倒在阵地前的日本伤兵呼天喊地的悲惨景象，美军本着人道主义精神派出了医护人员前往救助。想不到日军伤兵竟拉响手榴弹，与医护人员同归于尽。

　　范德格里夫特闻讯勃然大怒，下令对投降者不予生命保障，并出动轻型坦克去彻底消灭日军残部。5辆轻型坦克向日军盘踞的丛林冲去，用37毫米大炮和机枪逐一消灭残余日军。身负重伤的一木在坦克开来之前，在海滩上烧毁了军旗，然后剖腹自杀。其残部仅剩约数十人退往丛林。

　　登陆瓜岛的日军被全歼的消息传到拉包尔，刚刚赶到的联合舰队大吃一惊。经过陆海军双方紧急协商，决定再派1500名援兵登陆瓜岛，力争8月底以前把美军赶入大海。联合舰队则在海上实施援助，伺机与美航空母舰特混舰队进行决战。

　　日本舰队倾巢而出，拥有战列舰"陆奥号""比睿号""雾岛号"3艘，以及若干艘巡洋舰和驱逐舰，大小舰船共40余艘，护送载运一木支队、川口支队的4艘运输船，另有1000多架飞机，还有9艘潜艇。

　　8月21日，朝晖煦丽，舰队劈开黎明的海面，驶离特鲁克军港。

　　8月23日，庞大的舰队集结在所罗门群岛东北200海里的洋面上。山本将其兵力分成5个战术群：南云指挥的航空母舰主力群；以战列舰"比睿号""雾岛号"为核心的前卫群；以"龙骧号"轻型航空母舰作诱饵的牵制群。

近藤指挥由"千岁号"水上母舰和15艘战舰组成的先遣队，9艘潜艇组成的侦察群，以及在后方跟进的瓜岛增援群。

山本的意图是以身轻力薄的老式航空母舰"龙骧号"为"诱饵"，吸引所有的美舰载机，一旦上当的美机油尽返航时，迅速出动南云航空母舰上的全部飞机，一举击沉美航空母舰。然后再乘胜挥师向瓜岛挺进，彻底消灭美海军陆战队，攻占瓜岛机场。

山本的一举一动都没有逃出美军侦察机和澳大利亚海岸观察哨的眼睛。

行驶在海上的航空母舰 ❤

日落激流

早在8月20日，美侦察机便已发回报告："日军已在特鲁克地区集结了一支庞大的舰队。"

根据这一情况，美南太平洋战区司令戈姆利海军中将命令弗莱彻率领的舰队重新编成第六十一特混编队，下辖由弗莱彻亲自指挥的以航空母舰"萨拉托加号"为主，外加巡洋舰"明尼阿波利斯号""新奥尔良号"和5艘驱逐舰组成的第十一特混编队；由金凯德少将指挥的由航空母舰"企业号"巡洋舰

◆ 瓜岛战略态势图

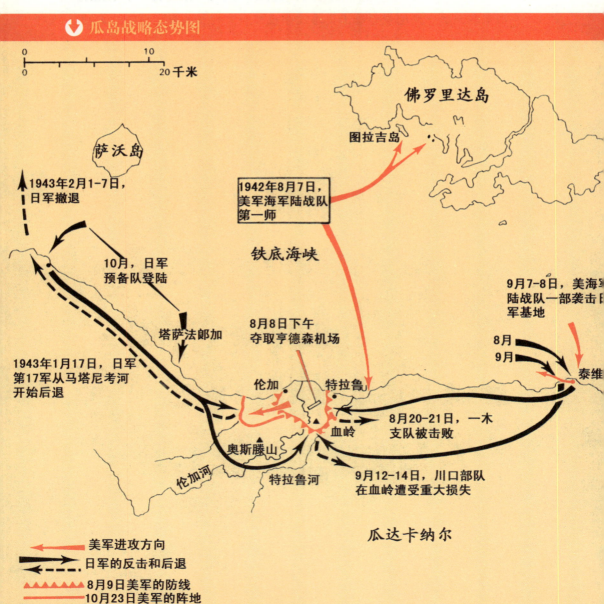

0 10 20千米

萨沃岛

1943年2月1-7日，日军撤退

10月，日军预备队登陆

塔萨法郎加

1943年1月17日，日军第17军从马塔尼考河开始后退

伦加河

奥斯腾山

特拉鲁河

佛罗里达岛

图拉吉岛

1942年8月7日，美军海军陆战队第一师

铁底海峡

8月8日下午夺取亨德森机场

伦加

特拉鲁

血岭

9月7-8日，美海军陆战队一部袭击日军基地

8月

9月

泰维

8月20-21日，一木支队被击败

9月12-14日，川口部队在血岭遭受重大损失

瓜达卡纳尔

➡ 美军进攻方向
➡ 日军的反击和后退
△△△ 8月9日美军的防线
—— 10月23日美军的阵地

"波特兰号""阿特兰塔号"和6艘驱逐舰组成的第十六特混编队；由海军少将诺伊斯指挥的以航空母舰"大黄蜂号"为核心的第十八特混编队。

此外，美海军作战部长欧内斯特·金上将觉察到一场恶战即将爆发，命令刚刚完工下水的"华盛顿号""南达科他号"两艘战列舰连同"朱诺号"防空巡洋舰和护航驱逐舰，从大西洋取道巴拿马运河开入太平洋。

本来，一支小小的美国海军陆战队对遥远的南太平洋海岛上的一座丛林机场进行突然袭击，是一个无足轻重的军事行动，但现在却发展成为一场决定太平洋战争前途的宏大海战了。

8月23日，由田中率领的瓜岛增援群由特鲁克海军基地起航南下。同时，在所罗门群岛警戒的潜艇在马莱塔岛东南海域发现美特混舰队。南云的主力群遂以战斗序列急速南下，企图寻机歼灭美国舰队。

8月24日上午，大雾笼罩着海面，日舰队在雾气中时隐时现。9时，日舰队的阵位是：田中的增援群位于瓜岛以北250海里处；南云指挥的"翔鹤号""瑞鹤号"航空母舰在田中东面40海里的方位；以"龙骧号"为主的牵制群在南云部队的右前方。

9时5分，一架美军水上飞机发现了山本精心设计的"诱饵"——"龙骧号"轻型航空母舰。这是日本在1923年建造下水的最早的一艘航空母舰，排水量仅8000吨。美侦察机发现目标后立即发回报告，但弗莱彻不相信：昨天3批美机都未发现日舰队，难道今天它就会从海底冒出来吗？

直至下午13时，美舰雷达发现了由"龙骧号"起飞的轰炸机前去轰炸瓜岛亨德森机场，他才下令"萨拉托加号"航空母舰上的30架轰炸机和8架鱼雷机前往攻击"龙骧号"。

由于此时日本的军舰尚未装备雷达，直至38架美机飞临"龙骧号"上空，"龙骧号"才发现美机来袭。

舰长一声令下，"龙骧号"转向逆风行进，准备让自己的飞机升空，但此时也正是航空母舰最容易受到攻击的时候，美机抓住这一有利时机从高空俯冲而下，霎时就有4枚炸弹在"龙骧号"的甲板上爆炸。与此同时，8架鱼

雷机也迅速从左右两侧同时进入攻击位置，施放了鱼雷，躲避不及的"龙骧号"又中了一枚鱼雷。当晚20时，"龙骧号"沉入大海。

当"龙骧号"作为山本计划中的牺牲品受到美机如狼似虎般的攻击时，南云忍不住心中暗暗高兴。他认为美机已被引开，向美航空母舰实施主要突击的时机已经到来。

恰在这时，"筑摩号"巡洋舰派出的侦察机又发回了发现美舰编队的报告，南云当即下定决心，倾其全力进行攻击。下午13时，他首先从"翔鹤号"派出27架轰炸机和10架战斗机。1小时后，又从"瑞鹤号"派出了27架轰炸机和9架战斗机。

16时2分，美"企业号"航母上的雷达发现了一群空中目标，这正是南云派出的前来攻击美舰的日机。

弗莱彻急忙下令甲板上待命的飞机升空进行拦截，使在空中警戒的战斗机增加到53架。同时，"企业号"上仅存的11架轰炸机和7架鱼雷机也与"萨拉托加号"上的5架鱼雷机和2架轰炸机合兵一处，前往攻击日舰。至此，弗莱彻已把他的全部家底亮了出来。

双方机群在距离"企业号"25海里处的浓密云层中摆开阵势，周围几海里的天空中充满了空战时那种特有的尖厉刺耳的喧嚣声。不久，攻击"龙骧号"后返航的俯冲轰炸机和鱼雷机也赶来投入了战斗。

由于美军舰炮的拦阻射击相当厉害，加上日本飞行员的素质比突袭珍珠港时下降了许多，所以鱼雷机在进入攻击位置之前均被击毁，只有少数几架轰炸机得以突破防线，进行攻击。

虽然数量不多，但日机单机鱼贯而入，每隔7秒钟就有一架不顾死活地进行俯冲轰炸。"企业号"舰长戴维斯上校拼命用大舵角急转，躲避天空中落下的炸弹，但还是难以躲过被击中的命运。

16时41分，美航空母舰"企业号"被1枚炸弹击中，35人当场死亡并引起大火；1分钟后，装有瞬发雷管的第二枚炸弹命中舰尾，橙色火花四溅，38人顿时血肉横飞；第三枚炸弹炸掉了起飞信号台，39人丧生。

　　为了避免与擅长夜战的日军进行夜战，弗莱彻少将急忙率舰队南撤，海面上只剩下"企业号"无依无靠，成了等待攻击的目标。就在这时，"企业号"的雷达又发现了一批日本飞机。

　　这是从"瑞鹤号"上起飞的第二攻击波。

　　然而，本来可以为南云赢得胜利、为日本在中途岛的失败报仇雪恨的这批飞机，却犯了过早改变航向的错误。它们从"企业号"以西约50海里的地方溜了过去，然后放弃追踪目标一无所获地返航回撤。

　　日机离去后，"企业号"进行了紧急抢修，仅用1小时就扑灭了大火，舰身恢复平衡，航速达到24节，能够接收飞机着舰。

　　此次海战，日美双方出动的主要兵力对比为：航母3∶2，水上飞机母舰1∶1，战列舰3∶1，巡洋舰16∶4，驱逐舰30∶11，日军兵力几乎比美军多一半。

　　然而，日军被击沉航母、巡洋舰、驱逐舰各1艘，被击伤水上飞机母舰、驱逐舰各1艘，损失飞机90架。美军仅1艘航母被击伤，损失飞机17架。日军不仅没有实现歼灭美军航母编队的企图，而且向瓜岛增援的目的也没有达

美军航空母舰 ◑

到。可以说日军在这次海战中是彻底失利的。

美军成功地打退了日军的反攻，驻守在瓜岛的仙人掌飞行队也证明了自己在攻击敌舰方面的价值。

经过这次胜利，美军海军能够再次向这里运送物资了。不过，问题还远没有解决。日军仍然进行着每天例行的轰炸，目标是亨德森机场以及陆战队的滩头阵地。

与此同时，驻守海岛的部队开始遭受疾病的侵袭而大批减员；痢疾和疟疾似乎成了比日军更加可怕的敌人。

范德格里夫特将军也开始怀疑自己的军队还能支撑多久，因为有一件事他非常清楚，那就是日本人肯定会想方设法地夺回这座小岛以及岛上的机场。

"仙台师团"
遭到灭顶之灾

　　海空激战以后，返航的日本飞行员虚报战绩，说是炸沉或重创3艘美航空母舰、1艘战列舰、5艘重巡洋舰和4艘驱逐舰。驻在拉包尔的三川很满意，命令原来已经改变航向的运输船团继续向瓜岛进发。

　　1942年8月25日上午9时35分，护送登陆日军的运输船团在离瓜岛100海里的海域被美机发现。8架"无畏式"俯冲轰炸机集中攻击护航的轻巡洋舰"神通号"和9300吨的大型运输船"金龙丸号"，"神通号"被击中后带伤逃跑，驱逐舰"睦月号"赶紧前来救援"金龙丸号"。

　　10时15分，"睦月号"被3枚炸弹击中，顷刻沉没。4艘运输船中一艘被击沉、一艘被击伤、一艘不能航行，船上运载的士兵死亡甚多。只有一艘勉强在瓜岛海岸靠岸。

　　由于海战的失利，日军又无法组织大规模的增援，只好利用驱逐舰夜间分批将援军送上瓜岛，然后在返航时顺路炮击瓜岛的亨德森机场。这种运输方式，日军称为"东京特快"，美军则称之为"老鼠偷渡"。

　　日军以这种方式将川口清健少将的川口支队和一木支队残部以及青叶支队分批输送至瓜岛。

　　8月31日，百武晴吉停止了新几内亚莫尔兹比港方面的作战，集中力量对付瓜岛。日本大本营将实力雄厚的第八舰队和东南亚地区航空队的全部兵力都作为百武晴吉的后盾。对瓜岛进行决死进攻的日期定为9月12日。

　　川口为了能在9月12日那天夺取美国阵地，设计了一个在他看来是万无一失的三面进攻机场计划。

日落激流

　　川口将部队分三路，主力猛攻美国海军陆战队环形防线的后卫，第二支队伍从西面直逼机场，日本海军陆战队的一支队伍则从东面对亨德森机场实施协同进攻。川口想：如果在这里，在瓜达尔卡纳尔，我们打赢了，那将是世界军事史上的奇迹。

　　根据日军的计划，驻扎在拉包尔的空军9月13日就可以降落在这座机场了。就像之前几次作战计划一样，这位日军将领也得到承诺，如果需要，他将能得到增援，但是他如几位前任一样，也认为自己不需要增援。

　　日军第十七军司令部远在拉包尔，不了解瓜岛上的将士正在忍受着不可想象的熬煎。美国飞机每天都来轰炸和扫射，最多的一天空袭71次。到处是

空战中被击毁的飞机 ⬇

弹坑，整个地区成为焦土，只剩下冒烟的树干。士兵不敢生火，只能靠吃生米和水果充饥。丛林里尤其难耐，到处都是腐烂了的植物，在潮湿闷热的雨林中孕育着无数蚊虫，传染疟疾。士兵昼夜无法入睡，也无处安身。

川口也低估了日军体力上的消耗。因为在向美军发起决定性的全力攻击之前，日军必须穿过泥泞不堪的沼泽和崎岖不平的灌木丛林。

在蜇人的蚊虫和吸血的水蛭的围攻下，他率领的3000多人的精锐部队很快就被弄得筋疲力尽了。而就在日军跌跌撞撞地穿过黑暗的热带森林时，美军已在他们企图突破的那座陡峭的山岭上挖壕设垒，坐等他们上门。

守卫亨德森机场的美海军师团，已经觉察到日军正秘密接近机场，在机场南方约一两公里处的伦卡高地上严密防守。美军拥有大量重炮、迫击炮、高射炮，单重轻机枪一项也超过日军六七倍，实力相差太大。

美军在密林中搜索

川口支队是经历过英属北婆罗洲和菲律宾两个战役的部队，青叶支队和一木支队都是从中国战场调去的精锐部队，"武士道"精神冲昏了士兵的头脑，面对强敌固守仍然疯狂进攻。

在亨德森机场南面，有一条向南延伸的山岭，从这个山岭可以控制飞机场。山岭两侧的平地是进

攻飞机场的便利通道。平地上丛林密布，部队可以在那里隐蔽。

美瓜岛防卫司令范德格里夫特派爱迪生上校在山岭上设防守阵地，右后方由第一营支援，左后方由第一工兵营支援。预计在交战后，炮兵团将用105毫米榴弹炮和自动武器支援。

9月12日晚21时，随着一发红色信号弹升起，日军迫击炮发射了大量照明弹将黑夜照得如同白昼。

2500名日军端着上了刺刀的步枪狂呼大叫着向高地冲去，在日军疯狂冲击下，美军有些地段的阵地被突破了。但美军105毫米榴弹炮的凶猛炮火随即倾泻而下，日军在猛烈炮火下伤亡惨重。

美军天亮后在飞机掩护下发动反击，又将阵地夺回。日军留下的尸体达600余具，而美军阵亡40人。

川口不甘心失败，重新集结了残部，于13日晚再次发动进攻。川口将部队分作6批，采取集团冲锋，一波接一波，猛攻不止。整个山岭爆发了惨烈的血战。虽然美军的防线在日军亡命攻击下被迫后移，但整个高地还控制在美军手中。

天亮后，失去黑夜掩护的日军处境更为困难。美军飞机也赶来助战，在猛烈准确的轰炸和扫射下，日军溃不成军，只得逃入丛林。美军接着出动坦克，肃清了阵地前沿的残余日军。这一夜的激战，日军仍一无所得，而且又付出了700余人伤亡的代价。

从西面进攻机场的冈明的部队也未能突破美军的防线，多次进攻中白白损失了200多人，而美军的伤亡小得令人吃惊，才4死3伤。

尼米兹因此向范德格里夫特发出了嘉奖电：

收到你们在岛上的战斗捷报，使我们大家感到欢欣鼓舞，谨向前线的陆战队员及陆军部队表示衷心感谢。

川口带领残部再次穿过丛林，准备与冈明的部队会合，但热带丛林却成

为这支缺粮少药部队的绿色地狱。

在热带丛林中行军，日军饱受饥饿、伤病的折磨，靠草根、野果才勉强走出了丛林，但已经毫无军容可言，伤兵尽数抛弃，活着的人也都没有人样，令人惨不忍睹。

双方激烈争夺的高地本是茂密的丛林，现在已经面目全非，只剩几株光秃秃的树干，地上血流成河，到处是战死者的尸体，这个高地因此被美军称作"血岭"。

第二天夜里，日军又沿着山脊发动攻势，还从侧面丛林实行迂回作战，企图迫使美军后撤。日军进入亨德森机场内的重炮阵地和高射炮阵地的一角，美军爱迪生上校指挥只剩60余人的部队坚决守住山脊阵地，使日军夺回机场的企图没有得逞。

在9月13日和14日两天的战斗期间，日军已经把粮食吃尽了，只有在冲进美军阵地时，见到什么就赶紧向嘴里塞点什么。退却到密林的时候，全体人员在没有一粒米的状态下连续行军，遭受饥饿、潮湿和美军追击三重苦难。再加上痢疾和疟疾流行，能够侥幸存活的人已经没有多少了。

瓜岛的惨败使拉包尔第十七军司令部的百武晴吉捶胸顿足，他发誓要亲自指挥最精锐的"仙台师团"——第二师团去夺回瓜岛。同时，他对海军的配合大感不满，一心想把失利的原因推到山本身上。

9月24日，负责指挥瓜岛作战的大本营参谋辻政信中佐受第十七军指派，在南下途中来到特鲁克，面见山本。他向山本说明来意：要求海军派出舰只去护送陆军的补给船队，与陆军合作夺回瓜岛。

"我们的供应被切断了一个多月，官兵以挖草根、剥苔藓、掐树芽和饮海水充饥。"他对山本丝毫也不隐瞒川口手下的官兵所受的各种苦难，"由于后勤供应毫无保障，战斗在瓜岛上的官兵已饿得骨瘦如柴，像个骷髅。"

他的慷慨陈词感动了山本，山本向他做出保证说："如果因后勤补给供应不上而使陆军官兵饿死，海军自应感到惭愧。保障陆军的供给是海军义不容辞的责任。如果情况需要，我甚至可以让'大和号'开赴瓜岛、去掩护陆

战斗中的士兵

军夺回瓜岛的登陆作战。"

　　山本当然无意将这艘世界上最大的战列舰埋葬在遍布沉船的瓜岛海域，但他同让政信签署了一个备忘录，保证联合舰队的巡洋舰将在新攻势发起前夕出动，去轰击美国在瓜岛的简易机场，他的航空母舰和战列舰也将出动去截击美军企图运往瓜岛的护航运输船队。这样，日本陆海军便商定发起一次更大规模的进攻。

　　已经缺衣无食，饿死很多，面临绝境的日本大本营和第十七军军部惊慌万分，决定改变战术，不再用准备不充分的兵力急躁冒进，而采用正面作

战方式。调集原预定调往新几内亚的第二师团和第三十八师团的一部分共约30000人驰赴瓜岛，由丸山正男率领，在完成周密准备以后于10月下旬再发动一次总攻击，决心攻克瓜岛。

这次第二师团的进攻，一定要保证17500人的攻击兵力，重武器火炮176门、总兵力所需20天的粮食，以及大量军需品。决定以10月15日为期，在联合舰队的支援下，用6艘高速运输舰组成船队强行靠岸卸载。

丸山正男率领的第二师团增援部队，分乘16艘驱逐舰从爪哇岛出发驶向瓜岛，途中虽经几次美机空袭，但未遭损失。10月9日午夜，全员在瓜岛西北部隆加岬安全登陆。这时，第三十八师团也从婆罗洲赶来。按照日军第八舰队三川的计划，每夜均乘驱逐舰在瓜岛西北岸登陆。

丸山指挥的第二师团正在从舰艇上卸下粮食、日用品、武器弹药等物资的时候，出乎意料地从丛林中出来一大帮像叫花子一样的日军前来帮忙。他们披着长长的头发，满脸胡须，脸上黑乎乎的，骨瘦如柴，深陷的眼睛显得特别大，军服破烂不堪，腰间没有带刺刀，有的人没有穿鞋，光着脚板子，形容枯槁。

到第二天早晨准备早饭的时候，从值班的勤务兵口中传出意想不到的消息，大米被人偷走了，连军司令官的饭盒子也丢了。负责卸货的下级军官前来报告说，司令部的粮食是在昨夜登陆的时候，被一木支队和川口支队的士兵乘着黑夜全部偷走的。大家顿时哑口无言，原来那群疲惫不堪的同胞军人都是贼！

军司令部立刻给拉包尔拍发电报，述说瓜岛的局势比预想的严重得多，要求立刻增派部队和运送给养。

10月14日，在驱逐舰和战斗机的掩护下，6艘大型运输舰卸下最后一批4000名士兵、14辆坦克、10多门105毫米榴弹炮和各种物资。瓜岛的日军的兵力至此增至2.2万余人。

丸山正男率领的第二师团在瓜岛西部4个地区登陆后，立即向奥斯腾山进发，计划在10月21日发动攻击。首先拿下亨德森机场，由舰载飞机进驻，然

第二次世界大战太平洋战事

后海空军配合，全力以赴捕捉并消灭所罗门海域内的美舰队和援兵。

与此同时，山本五十六经过思考，决定采取新的行动，亲自参加制订陆海联合进攻瓜岛的作战计划。

10月12日，一支支援瓜岛战役的庞大日本舰队从特鲁克岛出发。这支舰队共拥有"翔鹤号""瑞鹤号""瑞凤号""隼鹰号""飞鹰号"5艘航空母舰，共载飞机260余架；还有"金刚号""榛名号""比睿号""雾岛号"等4艘战列舰，以及若干巡洋舰和驱逐舰群。先遣队由近藤海军中将指挥，航空母舰编队由南云指挥。

13日夜，从拉包尔起飞的日机猛烈轰炸亨德森机场，机场上5000加仑航空燃料起火，至夜半，日本第三舰队的战列舰又猛烈射击，由于有舰载水上观测机在机场上空盘旋测定目标，炮击非常准确，飞机跑道上弹孔累累。

一个半小时的连续轰炸，美兵营飞机库被炸毁，官兵都被迫蹲在防空洞里。这是太平洋战争中日海军最长的一次舰炮射击。

美军90架飞机中有一半以上被击毁，另有战斗机35架、轰炸机7架机身全是伤孔。主跑道已不能使用，幸运的是南侧预备用的草地跑道还可使用。

10月14日夜22时开始，美B－17轰炸机轰炸日运输船团，"吾妻山号""九州号""笠子号"沉没，其他运输舰在凌晨3时40分登陆，共有4艘运输船卸下物资。士兵们登陆以后，携带12天的粮食和弹药，按一列纵队穿越树丛，在高温下踏着泥泞开赴前沿阵地。

两个月来日军不断增援，双方在陆地上反复争夺亨德森机场，战争在海上和空中一天也没有间断。美军参加瓜岛之战的4艘航空母舰除"大黄蜂号"以外，都受了重创，美国空军虽然占有优势但也有不少损失。

双方在陆海两条战线上不断加码，任何一方都在竭尽全力，千方百计以求打败对方。战斗的惨烈使日美两军都感到紧张，不但日军胆寒，美军也有畏难情绪。特别是岛上的恶劣气候和紧张的气氛助长了士兵的厌战心理。

进入10月，瓜岛上的战斗已经进入决定性时刻。不明战争全局的官兵们开始互相埋怨，甚至增加猜疑心，致使士气降低，乃至引起一系列恶性循

第二次世界大战太平洋战事

环。美南太平洋军司令官戈姆利中将主张放弃瓜岛。

10月15日晚上，尼米兹召开一次会议，想听一听军官们对南太平洋战争近况的看法。尼米兹在会上没有表示态度，只发表了简短的讲话，说："我不想听到或看到悲观主义，要记住，敌人也在受损伤。"

会议结束的晚上，尼米兹当即给正在坎顿岛的哈尔西去了一份电报，要求他直接去努美阿。

第二天早晨，尼米兹海军上将给海军部欧内斯特·金上将去电要求批准哈尔西接替戈姆利，很快就接到同意的复电。10月18日下午14时，哈尔西乘坐水上飞机到达努美阿港，出任南太平洋军司令官。在当时，这是一项最棘手的任务。

23日，哈尔西在努美阿召开会议，特纳、范德格里夫特和正在瓜岛视察的海军陆战队司令霍尔库姆中将参加了会议。

首先是陆战第一师师长范德格里夫特介绍瓜岛上的局势，他回顾了那里的作战经过，并谈了对日军实力和今后意图的估计，强调他的部队处境不好，疟疾削弱了官兵的体质，食物供应不足，夜间奇袭和空袭影响睡眠等，要求补充航空兵和地面部队刻不容缓。

接着是海军指挥官凯

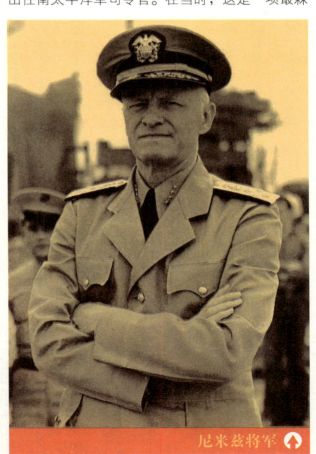

尼米兹将军

103

利·特纳表示，海军已经竭尽全力了。因为没有足够的保护，他损失的运输舰只已经达到惊人的程度。

哈尔西听完战地将领们的报告以后，用手指敲着桌子，问范德格里夫特："你能守住吗？"

对方回答说："能，我能守住，但必须得到更积极的支援。"

哈尔西告诉第一师师长："范德格里夫特，你回去，我保证尽我所有的一切来支援你。"

哈尔西立即着手整顿阵容，他强烈要求第一师守住瓜岛，还召集陆海空三军幕僚，训示说："现在，陆海空的协作比任何事情都重要。你们中间谁引起纷争，谁就马上脱掉军装！"

他命令美国舰队航空母舰"大黄蜂号""企业号"，战列舰"华盛顿号"以下舰艇，迅速驶往瓜岛周边水域。

10月21日晚，日军丸山率领第二师团主力约2600人开始进攻美军阵地。日军决定沿飞机场后方连绵不断的奥斯腾山绕一个大弯，从美军背后出其不意发动袭击。

然而道路难行，工兵在前面攀登悬崖，砍断树木，历尽千辛万苦才开辟

飞行员准备执行任务

出一条狭窄的丛林小路。全部行程约40公里，实际超过60公里。他们穿过椰林、越过丘陵后，直奔亨德森机场，另一部分正面防御海面。

前方零星战斗持续了3天，主攻一再延期。

至24日傍晚，丸山命令发动总攻击，日军用两个整团的兵力进攻美陆战队扼守的阵地。经过猛烈炮击后，日军10辆坦克分成两批冲出丛林，都是18吨的小坦克，很快被美反坦克炮打成碎片。

美军陆战队第十一团猛烈炮击，杀伤力十分惊人。因为他们在此之前早已锁定特殊目标，只等待日军步兵越出丛林后聚歼。日军一支准备在上游渡河的部队很快被击溃，住吉少将以下600名士兵全部丧生，没有一个逃脱。

24日夜，天空中乌云翻滚，雷电交加，大雨瓢泼，第二师团再次发动总攻击，他们用强大的兵力向美军正面猛扑，但很快被美军击溃。

第二批士兵冒雨爬出阴暗泥泞的草丛，狂呼大叫着扑向美军阵地，一批又一批爬过同伴的尸体，发起多次自杀式冲锋。他们挥舞着军刀、刺刀、短刀、手榴弹等近战肉搏的武器，逐渐突进美军阵地，战争完全变成了野蛮的肉搏，双方都用刺刀、大刀和枪托拼命。攻击猛烈已极，但由于美军炮兵部队的猛射，日军根本不能攻入亨德森机场。

美澳军利用现代化的侦察手段，早已非常准确地知道日军的配备情况，日军不管多少次冲锋，都被美军立即消灭干净。美军的炮弹如倾盆大雨，周围地面的青草被弹片不断地割掉，眼看着一片无际的草地变成光秃秃的空地。

10月25日晚，日军发动了最后的决死攻击。日军拍着枪托有节奏地用英语叫道："为天皇讨还血债！美国海军陆战队到明天就死！"

美军毫不示弱地回骂："为罗斯福讨还血债！让天皇见鬼去吧！"

接着，日军发起了自杀性的冲锋。在美军的铁丝网前，日军被密集的子弹成片打倒，丸山政男指挥活着的人发起一次次攻击。日军用惨重的代价取得了局部的突破，但随即就被美军纵深火力所消灭。

整个夜间日军一共发起7次攻势，都被击退，天亮时日军留下的尸体就达

2500具。

25日夜，美澳军坦克部队从日军的侧翼和背后包抄过来，日军死伤70％，战场简直成了日军的屠宰场。至26日，日军的第三次总攻击被彻底击溃了。

这次攻防战，日军兵力约30000名，美军约34000名，数量并不悬殊，但在武器装备上则相差太远。

日军有378门炮，美军有180门以上。美军每门炮每天可发射2000发以上炮弹，日军每门每日只能发射200发炮弹，完全处于劣势。日军死伤者甚多，第二师团的战斗力基本上已经溃灭。日军见败局已定，只得下令撤退。这在第二师团的历史上还是首次。

精锐的"仙台师团"遭到灭顶之灾，士兵阵亡约1/3，军官阵亡近一半，可谓元气大伤。残部不得不退入丛林。接下来5天的艰苦丛林行军，使这支部队的死亡率更是高达50％，成为真正的死亡行军。

但百武仍不甘心失败，他认为岛上还有15000日军，只要再派一个师，仍有取胜的把握，遂电告拉包尔，请求速派第三十八师团上岛参战。

两败俱伤的
圣克鲁斯海战

瓜岛上的激战正在进行时，日美双方两支航空母舰群也都同时出击。

两支舰队相距不到200海里，展开一场规模巨大的捉迷藏游戏，双方人员都弄不清他们应该攻击哪支舰队，敌舰队现在何方，只能派出侦察机在海上侦察。这时，瓜岛争夺战的重点转移到了海上。

1942年10月24日拂晓，日本"零式"战斗机24架、轰炸机9架去瓜岛攻击美军基地，在返航途中大部被美军击落。与此同时，日本一艘轻航空母舰被鱼雷击中。

中午，日本南云指挥的第二行动队的航空母舰"瑞鹤号"和"翔鹤号"，由4艘重巡洋舰、8艘驱逐舰护卫来到这个海域时，发现美机动部队，日军立即出动第一次攻击队37架飞机，遭到美战斗机和对空炮火的迎击，仅有13架安全回舰。

第二次攻击队26架飞机于下午14时离舰，直至傍晚都没有发现美舰。

此时，已经在海上巡航了两个星期的日联合舰队非常焦急。山本生怕美太平洋舰队突然出现，使联合舰队措手不及，遂于25日晚向南云下令：

鉴于百武中将于夜间再次向瓜岛机场攻击，美舰队很可能在所罗门群岛东北海域出现，联合舰队应于26日设法将其消灭。

他严令：无论天气和美军飞机活动的情况如何，日机应该继续侦察和追踪，务必查明美舰的数量和类型。

　　那么，此时美国的南太平洋舰队在哪里呢？海军少将金凯德指挥的由"企业号"航空母舰和战列舰"南科达号"、巡洋舰"波特兰号""圣胡安号"以及8艘驱逐舰组成的第十六特混舰队，与以"大黄蜂号"为核心的第十七特混舰队正向东北进发，打算在圣克鲁斯群岛以北海区截击随时出现的日本联合舰队。

　　日美双方都在竭力进行空中搜索。只要先于对方发现目标，哪怕是一点点的领先，都有可能创下奇迹。结果是：双方都徒劳一场。虽然美军的飞机曾一度捕捉到南云舰队，可是由于云层和雷雨作怪，南云又溜掉了。

　　在山本等得不耐烦的同时，哈尔西也不明白为什么金凯德不对日本舰队

　日军"虎-310"战斗机

发起进攻。他不断给金凯德发出命令："进攻！进攻！再进攻！"

10月26日天刚亮，为了执行哈尔西的催战命令，金凯德命令16架携有500磅炸弹的"无畏式"俯冲轰炸机起飞，对太平洋西北方向进行搜索。

事后证明，这一决定非常正确。因为此时双方舰队都已处在对方的攻击范围之内，只是没有发现对方而已。谁能先发现对方并抢先发起攻击，谁就占据了主动。而恰恰是因为南云的墨守成规——先派出没有攻击力的侦察机侦察搜索，结果让美军抢了先。1小时后，时针指向6时50分，在天空中巡飞的美机发现了南云航空母舰舰队，他们冲过咆哮的"零式"机群，对日舰发动攻击。

日本航空母舰猛然掉头躲避美机攻击，同时放出浓浓的烟幕掩护自己。但仍有两枚炸弹击中了"瑞凤号"，将其飞行甲板的尾部炸了一个15米的大洞。"瑞凤号"舰长眼看无法回收飞机，就命令舰上剩下的飞机全部升空，

舰尾部拖着熊熊烈火摇摇晃晃地撤出了战斗。

南云站在重型航空母舰"翔鹤号"的舰桥上，冷静地看着"瑞凤号"撤离。

他已经收到侦察机发回的报告，他们终于找到已搜索了整整5天的美国特混舰队："方向东南，距离200海里，发现美航空母舰1艘和其他类型军舰5艘。"

接到报告，他马上命令65架飞机出击。这些出击的飞机直奔攻击目标，并没有发现来自"大黄蜂号"的52架飞机正向北飞来，准备去攻击他们的航空母舰舰队。

8时59分，日本轰炸机从5100米的高空俯冲下来，"企业号"一看来者不善，急忙躲入一片雷雨区，而暴露在开阔海面上的"大黄蜂号"却成了日本俯冲轰炸机和鱼雷机的主攻目标。

一名日本飞行员驾驶着飞机，以"神风突击队"的自杀性俯冲，笔直地朝"大黄蜂号"的飞行甲板撞来，机上所带的两枚炸弹在飞机撞到甲板的瞬间一起炸响，舰面上爆发出一团直冲云霄的巨大火焰。

稍后，日本鱼雷机又从舰后追随而来，两枚鱼雷命中了机舱部位。接着，另有3枚炸弹穿透前甲板，卡住升降机，并在舰舱内部爆炸。10分钟的攻击就使"大黄蜂号"变成了一座燃烧的地狱，滚滚浓烟冲天而起，爆炸声此起彼伏。

与此同时，由"大黄蜂号"起飞的第一批攻击飞机也使南云的"翔鹤号"面临着生死考验。"无畏式"俯冲轰炸机一架接着一架穿过密集的高射炮火，向该舰俯冲，4枚炸弹命中了"翔鹤号"，飞行甲板被炸开了4个大口子，弹着点附近的炮手被炸得血肉横飞，几架着火的飞机被炽热的气浪掀入大海。

仅仅几分钟，"翔鹤号"从船头到船尾都被吞没在熊熊烈火之中。南云不得不下令将他的司令旗移到一艘巡洋舰上去。不过，南云还有资本，因为他已在一小时前派出了第二攻击波。

刚过10时，"南达科他号"突然从雷达上收到警报，日军的第二次攻击

正从西北方50公里处逼近。当日机就要进入攻击位置时，一声令下，美警戒舰上一切能够对空射击的武器全部开火，"南达科他号"新装的100多门4联装的40毫米炮大显神威，"企业号"的防空火炮也频频射击。

日军24架俯冲轰炸机冒着密集的弹雨，发出尖厉的呼啸，连续不断地向"企业号"俯冲，只见一枚枚炸弹从空中扶摇直下，"企业号"像一头发疯的野兽左躲右闪，飞行甲板大幅度倾斜，舰体剧烈震动，地勤人员都趴倒在甲板上，个个晕头转向。

然而，仍有两枚炸弹直接命中"企业号"，一枚落在舰首升降机的后部，另有一枚炸弹斜落在舰首左舷。

但是，这艘庞大的军舰仍然有足够的动力，躲避着不断袭来的炸弹和鱼雷，先后躲过了9枚鱼雷的攻击。

11时01分，"南达科他号"的雷达再次发现日攻击机群。这第三攻击波的飞机是从"隼鹰号"上起飞的，共有29架。

美军密集而凶狠的防空炮火使日机根本无法靠近，不仅击落了8架日机，剩下的飞机也被打乱了攻击节奏，它们投下的鱼雷无一命中目标，"企业号"再次死里逃生。但"南达科他号"的前炮塔被击中，巡洋舰"圣胡安号"的尾舵中弹受伤。

"企业号"实在难以忍受如此残酷疯狂的连续攻击，在回收了盘旋在空中、油料即将耗尽的飞机后，便夺路而逃，退出了战斗。

但是，南云不想让美国军舰跑掉。他一面让受伤的"瑞凤号""翔鹤号"向北退出战斗，一面命令幸存下来的"隼鹰号""瑞鹤号"继续南下，追击美舰。

下午13时刚过，第四攻击波出发。从"瑞鹤号"上起飞的飞机发现了正被拖着行驶的"大黄蜂号"。倒霉的"大黄蜂号"又被日本鱼雷击中，舰长只得下令弃舰。

随后赶来的"隼鹰号"的飞机，对其进行了最后一次攻击。"大黄蜂号"气数已尽，为了不让日军俘走这艘因运载杜立特空袭东京而名扬四海的

航空母舰，美驱逐舰向这艘弃舰发射了16枚鱼雷。当随后赶来的日舰找到它时，它已经成了漂浮在海上的一堆废铁。为了泄恨，日舰对"大黄蜂号"再次补射了4枚鱼雷。

此次圣克鲁斯大海战，是太平洋战争开始以来日本联合舰队同美太平洋舰队之间的第四次大规模的决战。

决战结果，山本五十六在战术上略胜一筹，击沉击伤美航空母舰各1艘，击沉美驱逐舰2艘，击伤美巡洋舰、战列舰和驱逐舰各1艘。但是，山本五十六为此也付出了过于高昂的代价，2艘航空母舰遭到重创，再已无法参战。更为严重的是，与美军只损失74架飞机相比，日军却损失了100多架，特别是那些训练有素、实战经验丰富的飞行员已大部分命丧大海，再也无法替补。盛怒之下的山本对南云彻底失望，遂将其解职。

日本联合舰队已是强弩之末。由于日美的工业潜力和补给潜力的差距，山本五十六最不愿意看到的情况出现了：不管日本飞机制造厂和造船厂的工人怎么日夜加班，要超过美国那庞大的工业生产能力是不可能的。联合舰队的那些受过严格训练的飞行员也越来越少。与美国强大的补给力相比，日本只是徒然在消耗自己的装备和人员。

美军获得
瓜岛海域的制海权

1942年10月24日，罗斯福总统指示参谋长联席会议尽最大努力向瓜岛运送物资和人员。

在总统的亲自过问下，美军除向瓜岛调派最新式巡洋舰、驱逐舰和潜艇外，还从夏威夷和澳大利亚抽调飞机、舰艇，加强南太平洋部队。哈尔西也将一切可以动员起来的运输工具都用于瓜岛，全力运送弹药、燃料、食品。

10月30日，被士兵们戏称为"长臂汤姆"的155毫米榴弹炮运上了瓜岛。这是范德格里夫特急需的火炮，它无论是在射程上还是在射击效果上都胜过日军的150毫米火炮。

日军大本营认为圣克鲁斯海战后，战局正向有利于日军的方面发展，只需进一步加强瓜岛的力量，就可取得最后胜利。遂决定将驻东印度群岛的独立混成第二十一旅团调往拉包尔，归第十七军建制，还抽调在中国战场的第五十一师团，投入南太平洋战场，并尽快运送瓜岛所需的作战物资。

10月27日，日本大本营陆军部作战科科长服部卓四郎和主任参谋近藤传八登上瓜岛，协助百武制订作战计划，组织第三次总攻。

他们计划在11月上旬将第三十八师团主力送上瓜岛，12月上旬将第五十一师团送上瓜岛，再集中相当数量的重炮和充足的弹药，于12月中下旬发起第三次总攻。届时，还将以第六师团一个最精锐的步兵团搭乘装甲运输舰实施登陆，配合作战。

但是，这并没有改变瓜岛日军的艰难处境。在圣克鲁斯海战中，日军有两艘航母受伤，不得不回国修理，而且舰载机损失惨重，一时也无法补充。

　　而南太平洋地区的岸基航空兵也在战斗中受到了很大损失，加上缺乏前进基地，必须从拉包尔起飞。

　　受航程限制，从拉包尔起飞的飞机只能在瓜岛上空停留15分钟，不能对瓜岛美军机场实施有效地压制，因而根本无法取得瓜岛的制空权，也就无法组织大规模的运输，利用驱逐舰进行的夜间运输只能是杯水车薪。

　　日军在丛林中饱受折磨。瓜岛的"瓜"在日语读音中与饥饿相近，日军便将瓜岛称为"饥饿岛"。由于瓜岛之战的伤亡巨大，而且双方反复开战，看不到结束的迹象，还有人因此把瓜岛叫做"无底洞"。

　　从这些称呼中，可见日军的士气之低落和反战情绪的上升。

　　在随后美军发起的反击战中，日军因为连日激战，伤亡惨重，而且补给缺乏，疾病缠身，无力抗击美军的攻势，被迫退入丛林。

　　11月1日，反击的美军渡过了马塔尼科河。一路上遭到的抵抗微乎其微，直至克鲁斯角，日军才凭借着复杂的地形进行了顽强的防御。美军在强大炮火支援下，经过激战终于占领了日军阵地。

　　11月2日至10日，日军先后出动驱逐舰65艘次、巡洋舰2艘次向瓜岛运送部队和给养。但因军舰的载重量有限，运送的人员物资很有限，而且无法运送重装备，难以组织计划中的第三次总攻。

　　11月7日，美军驻瓜岛"仙人掌"航空队攻击了停留在"槽海"里准备晚上进行运输的日军11艘驱逐舰，接着图拉吉岛的鱼雷艇也加入攻击，进一步破坏日军的运输。

　　11月8日，哈尔西亲自飞抵瓜岛，作短暂视察，以鼓舞士气。哈尔西在岛上进行的记者招待会上发表了著名的打赢战争的方案——"消灭日本鬼子！消灭日本鬼子！不断消灭日本鬼子！"这一方案立即就成为报纸的头条新闻。

　　哈尔西刚回到努美阿的司令部，就得到了珍珠港海军特别情报小组的报告，他们成功破译了日军新密码，掌握了日军的作战计划：11月11日空袭瓜岛机场，12日晚水面舰艇炮击瓜岛机场，13日出动航母编队，掩护大批地面

第二次
世界大战
太平洋战事

部队在瓜岛登陆。

　　结合空中侦察和其他途径的侦察结果，也发现日军在特鲁克、拉包尔和肖特兰岛地区调动频繁，看来一场大战迫在眉睫。

　　为了阻止日军可能的登陆，范德格里夫特指挥部队继续推进。

　　11月10日，在猛烈炮火支援下，美军对日军的滩头阵地发起钳形攻势。经过激战后，除小部日军逃入丛林外，大部被歼，美军夺取了对其具有较大威胁的利科滩头阵地，并将日军在滩头囤积的物资尽数摧毁。

　　为了全力向瓜岛运送部队、装备和物资，哈尔西组织了一支运输船队，运送约6000人的陆军和海军陆战队部队以及急需的重装备。

　　这支船队分为两部分，A编队由斯科特少将指挥，编有3艘登陆运输舰，由1艘巡洋舰和4艘驱逐舰护航，于11月9日从圣埃斯皮里图岛出发，计划于11日到达瓜岛；B编队由卡拉汉少将指挥，编有4艘运输舰，由4艘巡洋舰和

执行任务的运输机 ❤

8艘驱逐舰护航，11月8日从努美阿起航，计划于12日到达瓜岛。

至1942年11月10日，日军在瓜岛上的部队已达30000人。但是，即将开始的总攻迫切需要运送大批部队和重装备，单靠驱逐舰的夜间运输是远远不够的。

日军决定组织一支大型运输船队，将第三十八师团的13500人和重装备送上瓜岛。这支船队由11艘快速运输舰和12艘驱逐舰组成，由经验丰富的田中赖三指挥，12日从肖特兰岛出发，计划14日抵达瓜岛。

为确保这支船队的安全，日本联合舰队出动航母2艘、战列舰4艘、巡洋舰12艘和驱逐舰36艘，为第三十八师团提供掩护与支援，并将于12日、13日夜间对瓜岛亨德森机场进行大规模炮击。

得知日军联合舰队将大举出动，哈尔西命令金凯德指挥第十六特混编队、李率领第六十四特混编队全部开往瓜岛，并命令驻圣埃斯皮里图岛的岸基航空兵和在所罗门群岛活动的24艘潜艇，积极支援水面舰艇的行动。

日军为压制美军的岸基航空兵，保障增援编队安全抵达瓜岛，计划先出动炮击编队炮击亨德森机场。

这一任务由阿部弘毅指挥的第一炮击编队承担，共有2艘战列舰、1艘巡洋舰和14艘驱逐舰。

此时的航行队列是："比睿号""雾岛号"战列舰以单纵列鱼贯而行；"长良号"巡洋舰和"雪风号""天津风号""照月号""晓号""电号""雷号"6艘驱逐舰在战列舰前方排成半圆形警戒圈；在警戒圈前方"朝云号""时雨号""五月雨号"驱逐舰为左前卫，"夕立号""春雨号"驱逐舰为右前卫，以防备美军鱼雷艇可能的攻击；还有3艘驱逐舰则在萨沃岛以西巡逻警戒。

11月12日23时30分，美装备新型雷达的"海伦纳号"巡洋舰发现了远在14海里外的日军舰队，并向旗舰报告。但担任指挥的卡拉汉将军没有利用这一机会先发动攻击，而是指挥美舰进行了两次右转。

此时，最前面的"库欣号"驱逐舰突然发现日军舰队就在3000米外，立

即转舵以抢占发射鱼雷的有利位置。这样一来，后面的3艘驱逐舰为了避免碰撞，只好跟着急转，居中的巡洋舰则迅速左转以避开急转的驱逐舰，美军舰艇之间的距离迅速缩小，队形也紊乱起来。

卡拉汉所在的旗舰"旧金山号"因雷达性能欠佳，需要依靠装备新型雷达的友舰来报告敌情，而听取报告和向各舰下达命令必须使用同一部报话机，造成了不必要的延误。"库欣号"发现目标即请求允许其实施鱼雷攻击，但"库欣号"收到同意攻击的答复时，却已经找不到准备攻击的目标了。

就在这时，日军也发现了美舰。因为没有料到会在夜间遭遇，一时也把日军给弄了个措手不及。

阿部弘毅立即下令将原准备射击机场的高爆弹和燃烧弹换成攻击军舰的穿甲弹，日军的运弹手动作极快，在短短10分钟里就完成了换弹工作，做好了攻击美舰的准备。

23时50分，美军编队与日军编队混杂在一起，日舰"比睿号"打开了探照灯，正照在美军巡洋舰队列的第一舰"亚特兰大号"上。

在"亚特兰大号"上指挥的斯科特见此情况对自己非常不利，不等卡拉汉的命令就马上下令："开火！反照射！"

说时迟那时快，日军的第一批炮弹已经准确地击中了"亚特兰大号"的舰桥，正在舰桥上指挥作战的斯科特和他的参谋人员，除一人外全部丧生。

随着"亚特兰大号"的开火，其余美舰也开始射击。一时间，炮声四起，双方你来我往，炮弹纷飞，鱼雷翻腾，火光硝烟弥漫，队形全被打乱。

卡拉汉见左右都有日舰，就下令："奇数舰向右射击，偶数舰向左射击。"

这个命令看上去既对付了左面之敌，又打击了右面之敌，实际上有的美舰忙于在指定射击的一侧寻找目标，却遭到另一侧日舰的猛烈攻击，顿时陷入混乱。

日军驱逐舰趁此时机，发动鱼雷攻击，已经受伤的"亚特兰大号"连中两枚鱼雷，很快沉没。"库欣号"上前救助，却被"比睿号"发现，随即就

遭到了猛烈射击。"库欣号"连射6枚鱼雷，因日舰躲避迅速无一命中，自己却被日舰重炮击中弹药舱，引起爆炸而沉没。

"库欣号"后面的"拉菲号"驱逐舰几乎与"比睿号"撞在一起。"拉菲号"立即发射鱼雷，但因距离太近，保险装置还来不及打开，致使鱼雷击中了"比睿号"却没爆炸。"拉菲号"随即又以20毫米机关炮扫射"比睿号"，"比睿号"还以颜色，用356毫米主炮猛轰，"拉菲号"连中两弹，上层建筑几乎被炸飞，后来又被两枚鱼雷击中而沉没。

美军第三艘驱逐舰"斯特雷特号"遵循卡拉汉的命令向右面射击，和"比睿号"展开炮战，自身连连中弹，舵机、雷达均被打坏，仍坚持战斗，冲到距"比睿号"2000米处发射4枚鱼雷，可惜无一命中。

第四艘驱逐舰"奥邦农号"正向1200米外的"比睿号"猛烈开炮，接到卡拉汉不要射击友舰的指示后，以为自己误击友舰，便停止了射击。等到分辨清楚后，在恢复射击同时发射两枚鱼雷，也没命中。

美军巡洋舰

在混战中，卡拉汉的旗舰"旧金山号"曾向数艘日舰射击，有多发命中。他认为其中可能有误击友舰，就下令不要射击友舰，并且要求瞄准大舰攻击。"旧金山号"遭到日军"雾岛号"战列舰的舰炮射击，被击成重伤，舵机失灵，无法控制。日军的一艘驱逐舰从其左舷擦过，就在两舰交错之际，日舰乘机以机关炮扫射其上层建筑，在舰桥指挥战斗的卡拉汉和舰长等军官全部被扫倒，无一幸免。

在"旧金山号"后面的"波特兰号"巡洋舰先同右侧的日舰炮战，后又转向北进与另一艘日舰对射。在混战中被鱼雷击中舰尾，舵机被毁，失去航行能力，在原地打转，但仍在坚持战斗，向"比睿号"连连开炮，最后于次日被拖回图拉吉岛。

"海伦纳号"装备了新型雷达，对战场形势比较清楚，没有误击友舰。在混战中对日舰进行了猛烈射击，当日舰撤退时还以炮火，进行火力追击。

美军最后一艘巡洋舰"朱诺号"在战斗中被鱼雷击中锅炉舱，失去战斗力，只得退出战斗。美军殿后的4艘驱逐舰也迅速上前，投入战斗。"艾伦沃德号"向打开识别灯的日军"夕立号"驱逐舰猛烈开炮，双方展开激战，最终将"夕立号"击沉，自己也被击中数弹，受了轻伤。

"巴顿号"向日舰连射4枚鱼雷，自己也被日军一枚鱼雷击中舰体中部，几乎被炸成两半，很快下沉。

"蒙森号"向右面的日舰一口气射出10枚鱼雷，将日军"晓号"驱逐舰击沉，但该舰鲁莽地打开探照灯准备寻找其他目标，却反而暴露了自己，遭到日舰的密集射击，先后被37发炮弹击中，其中3发还是356毫米的重炮炮弹，伤势很重，于次日沉没。

"弗莱彻号"驱逐舰装备了新型雷达，能够清楚辨别目标，在战斗中先向日舰射击，当友舰也随之向该日舰射击时，它就向其他日舰转移火力，再为友舰指示目标，起到了引导作用。它也是这场海战中美军唯一未有任何损伤的军舰。

这是一场如同陆地上白刃肉搏般的近战，历时仅24分钟，美军损失惨

重。日军也付出了不小的代价，驱逐舰"夕立号""晓号"被击沉，"长良号"巡洋舰和"雷号""雪风号""天津风号"驱逐舰都有不同程度的损伤，旗舰"比睿号"战列舰在战斗中成为美军集中打击的重点目标，中弹50余发，基本失去了战斗力。

阿部对这样混乱的夜战感到心中无底，又害怕继续深入会遭到图拉吉岛美军鱼雷艇的偷袭，于是决定放弃炮击机场的计划，率部撤退。

由于"比睿号"伤势越来越重，只好于13日凌晨改以"雪风号"驱逐舰为旗舰，指挥余部向北撤退。

山本指示以"雾岛号"拖带"比睿号"返航，但阿部认为白天返航美军飞机必会蜂拥而来，"雾岛号"不仅不能将"比睿号"带回，而且很可能会白白陪葬，所以他没有执行山本的命令，只留下"长良号"巡洋舰在"比睿号"旁边保护，其余舰只全速返航。

果然不出所料，天亮后，美军"企业号"的舰载俯冲轰炸机、瓜岛上的"仙人掌"航空队的轰炸机和圣埃斯皮里图岛的B-17轰炸机一波接一波飞来。

"比睿号"连中数弹，眼看无法返航了，阿部于16时下令将舰上的天皇照片转移到"夕立号"，然后下令凿沉。

美军方面，受伤较轻的"海伦纳号"带着受伤较重的"朱诺号"和"旧金山号"巡洋舰在3艘驱逐舰的护卫下，向圣埃斯皮里图岛撤退。

但是，"朱诺号"的运气与"比睿号"相比也好不到哪里。13日11时许，"朱诺号"刚驶出英迪斯彭塞布尔海峡，就遭到了日军伊-26号潜艇的攻击，被一枚鱼雷击中，引起了大爆炸，就像是火山喷发那样炽烈的岩浆冲天而起。其他舰只害怕再遭攻击，不敢停留救助，加速南撤。"朱诺号"上700多官兵除少数人侥幸获救外，大多数人都葬身鱼腹，其中包括艾奥瓦州滑铁卢镇托马斯·沙利文夫妇的5个儿子。美国海军为了避免再次发生这样的惨剧，事后特意颁布条令，规定同一家族的直系亲属不得在同一艘军舰上服役。

在这场海战中，虽然美军损失惨重，2艘巡洋舰和4艘驱逐舰被击沉，2艘

巡洋舰和2艘驱逐舰被击伤，包括卡拉汉和斯科特两将军在内的近千人阵亡，但是应该看到，美军阻止了日军战列舰对瓜岛机场的炮击，并由此迫使日军的增援编队中途折返，为以后的作战创造了有利的条件。

由于12日阿部编队未能按计划炮击瓜岛机场，山本命令田中增援编队返航。为保障增援编队的返航安全，山本又决定组织第二次炮击机场的行动，由第八舰队司令三川指挥4艘重巡洋舰、2艘轻巡洋舰和6艘驱逐舰组成第二炮击编队。

三川所部自11月9日起已经连续3天进行了对岸射击训练，接到命令后就于13日4时30分从肖特兰岛出发。为避开美军的空中侦察，特地绕道希瓦泽尔岛和圣依萨贝尔岛以北，于午夜时分抵达萨沃岛海域。三川将所部12艘军舰分为两队，以第七战队司令西村指挥2艘重巡洋舰、1艘轻巡洋舰和4艘驱逐舰

航空母舰上的陆战队防空兵 ⬇

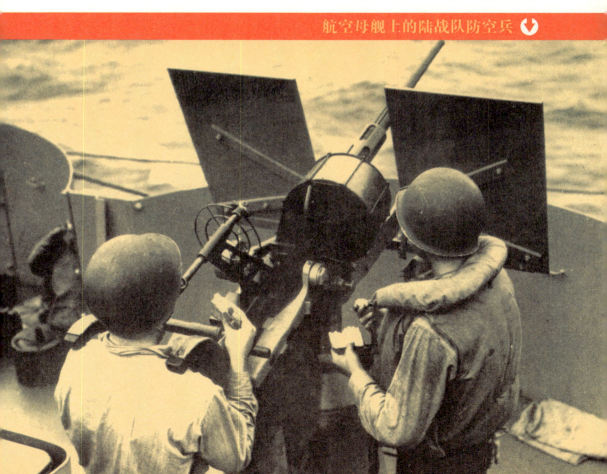

组成炮击分队，直扑瓜岛。三川则指挥余下的2艘重巡洋舰、1艘轻巡洋舰和2艘驱逐舰组成主力分队，在萨沃岛以西警戒，掩护炮击分队的行动。

23时30分，炮击分队驶抵瓜岛的隆格角海域。重巡洋舰上的舰载水上飞机起飞，在机场上空投下照明弹，并为军舰 提供目标指引和弹着校正，日舰随即开始炮击。

"铃谷号"重巡洋舰发射203毫米炮弹504发，"摩耶号"重巡洋舰发射203毫米炮弹485发，两舰共发射989发，击毁美军轰炸机1架、战斗机17架，击伤战斗机32架，并将跑道炸得弹痕累累。

日军的炮击分队在进行了30分钟炮击后立即撤回，14日拂晓与主力分队在新乔治亚岛以南海域会合，再一起返回肖特兰岛。

此前，奉命返航的田中增援编队已经于13日11时回到了肖特兰岛。

但是，为了能在14日夜间将部队和物资运上瓜岛，赶上即将开始的总攻，增援编队又于13日15时30分再次出航。在途中得知三川对瓜岛机场实施了炮击，田中认为美军不可能马上出动飞机前来攻击，就加速南下。

直至14日5时许，在新乔治亚岛以东增援编队才被美军的侦察机发现。

美军原以为经过12日夜间惨烈的海战已经阻止了日军的攻势，但13日夜间亨德森机场再次遭到炮击，14日早晨又发现日军的增援编队，可见日军对于瓜岛是志在必得。

美军高层对此极为震惊，有的甚至提出放弃瓜岛。最后，罗斯福总统决定要坚持到底，哈尔西也认为必须打下去。

经过美海军修建大队的通宵努力工作，跑道上的弹坑基本被填平，黎明前瓜岛机场又可以起飞飞机了。

从14日5时55分起，直至下午15时30分的10个小时中，美军"企业号"航母的舰载机和瓜岛、圣埃斯皮里图岛的岸基航空兵先后对返航途中的三川炮击编队发动了多次空袭，炸沉"衣笠号"重巡洋舰，炸伤"鸟海号"、"摩耶号"重巡洋舰和"五十铃号"轻巡洋舰，报了昨夜的一箭之仇。

接着，美军飞机全力收拾日军的田中增援编队，连续发动了8轮攻击，将

田中增援编队中的11艘运输船炸沉了6艘，还有1艘因重伤而返航。

在日本海军中有着"顽强者"之称的田中，指挥护航的驱逐舰一面竭尽全力抗击美军的空袭，一面迅速抢救落水的官兵。据不完全统计，仅6艘驱逐舰救起的陆军官兵就达4800余人。田中不负"顽强者"的称号，继续冒着猛烈的空袭向瓜岛前进。

日落后，美军又出动了3架轰炸机对增援编队进行夜袭，迫使日军中止了增援行动。夜幕降临后，田中指挥编队乘着美军飞机不能组织大规模夜间空袭的机会，向瓜岛前进。

15日2时许，日军增援编队的4艘运输船终于到达瓜岛的塔萨格海滩，立即开始卸载。田中率领驱逐舰于2时30分开始撤离，以免天亮后被美军飞机发现。

可是，天亮时驱逐舰虽然撤离了，但运输船尚未走远，美军"仙人掌"航空队果然将这4艘毫无保护的运输船击沉，并用燃烧弹将刚卸到海滩上的物资——260箱弹药和1500袋大米尽数焚毁。日军煞费苦心的增援计划又告失败。

此前，山本命令正在南太平洋活动的联合舰队之前进部队抽调兵力，再次组织对瓜岛机场的炮击。前进部队司令近藤信竹从各地调集了1艘战列舰、4艘巡洋舰和9艘驱逐舰，于14日在瓜岛以北250海里会合，然后南下，准备于14日晚22时实施对瓜岛亨德森机场的炮击。

近藤将所部的14艘军舰分为3个分队：桥本少将指挥1艘轻巡洋舰和3艘驱逐舰组成桥本分队，负责远距离警戒；木村少将指挥1艘轻巡洋舰和6艘驱逐舰组成木村分队，负责直接掩护；近藤以"爱宕号"重巡洋舰为旗舰，亲自指挥余下的1艘战列舰和2艘重巡洋舰为本队，担任炮击任务。

14时许，进行至圣伊萨贝尔岛以北时，收到侦察机报告，在瓜岛以南发现美军巡洋舰4艘和驱逐舰2艘组成的舰队。

近藤认为美军主力舰夜间是不敢进入瓜岛海域的，最多派巡洋舰和驱逐舰进行袭扰。所以决定如果遭遇美舰，先将其歼灭，再执行炮击任务。

19时许，近藤舰队各分队都已进入了萨沃岛以北海域。

实际上被日军侦察机发现的美军舰队是小威利斯·奥古斯塔斯·李指挥

日落激流

的第六十四特混编队，兵力编成是两艘战列舰和4艘驱逐舰。他们原本是奉哈尔西的命令前来拦截三川的炮击编队，因为距离太远而没及时赶到。

黄昏时分，李少将接到敌情通报。日军战列舰编队16时已进入瓜岛以北150海里处，并继续向瓜岛驶来。李少将被认为是美国海军最聪明的智囊，而且是雷达专家，他认为要确保瓜岛机场，必须全力阻击来犯之日军。他深知这必是一场艰苦异常的战斗，因此制订了比较审慎的作战方案：

为了避免像12日夜间那样的混战，使战列舰具有更广阔的回

旋余地，计划在埃斯佩兰斯角附近比较开阔的海域展开战斗。

天黑后，李少将就率领他的舰队驶过铁底湾，前往埃斯佩兰斯角。当军舰通过铁底湾时，通过磁性罗盘的指针不停乱摆，可判断出海底有大量沉没的军舰。这似乎意味着这里就是日舰的葬身之处。

此时，瓜岛上吹来的阵阵凉风也不再像过去那样弥漫着热带植物腐烂所产生的令人作呕的恶臭，而是散发着金银花的香味——这可是从来没有过的，所以军舰上的很多人都认为这是一种吉兆——胜利在望的预兆。

增援的美军 ❤

当美舰队从萨沃岛北水道进入铁底湾时，被日军桥本分队发现，日军便从后追赶。李少将推算日军将在23时左右到来，就率领美舰队绕着萨沃岛巡逻，严阵以待。当从萨沃岛东南转向西面航行时，李少将的旗舰"华盛顿号"的雷达发现了日军桥本分队，李少将随即下令向西转舵，横在日军的航线上，做好迎战准备。

桥本分队分两路发起了攻击，一路是"川号"轻巡洋舰和"敷波号"驱逐舰，从萨沃岛东面进攻；另一路是"绫波号"驱逐舰，从萨沃岛西面发动偷袭。

日军还以为美军舰队不过是巡洋舰和驱逐舰组成的，"川内号"自不量力向美舰逼近，直至美军战列舰重炮的炮弹落在日舰旁边掀起巨大的水柱，桥本这才意识到美军是强大的战列舰。

桥本一面向近藤报告，一面下令施放烟幕，带着3艘日舰急速撤退。

而走在后面的"绫波号"就没那么幸运了，美军通过雷达早已发现了它的行踪，迅速转移火力，对它进行集中射击，"绫波号"接连中弹，引起两次爆炸后沉没。

这时，日军木村编队的5艘军舰也从萨沃岛西侧驶来。这5艘日舰紧靠着萨沃岛航行，巧妙隐蔽在萨沃岛的雷达回波中，没被美军雷达及时发现。接近美舰时突然开火，并发射鱼雷。

美军前卫的4艘驱逐舰被打了个措手不及，还来不及做出反应，"沃尔克号"和"普雷斯顿号"就被击沉，"格温号"和"本哈姆号"则受到重创，失去战斗力。

在驱逐舰后面的战列舰"华盛顿号"向左转向，"南达科他号"向右转向，以避开前面失去控制的驱逐舰。这就使美军的两艘战列舰在无奈中分散开，陷入各自为战的被动局面。

原本近藤以为桥本和木村两支分队对付美军的巡洋舰和驱逐舰编队是绰绰有余的，所以自己率领本队和另外两艘驱逐舰在萨沃岛西北巡航，全力准备炮击机场而并不是投入眼前的海战。

　　但当他得到发现美军战列舰的报告后，急忙赶来参战。他抓住"南达科他号"电路发生故障、炮塔失去动力的机会，全力开火，把"南达科他号"的上层建筑打得面目全非，不得不向西南撤退。

　　这样，李少将就剩下了旗舰"华盛顿号"一艘军舰。尽管以寡敌众，但李少将毫不畏惧，凭借着性能优异的雷达，"华盛顿号"准确测定了日舰的位置。随即在雷达指引下实施了精确射击。

　　"华盛顿号"在以全部406毫米主炮和部分127毫米副炮轰击"雾岛号"的同时，还以部分127毫米副炮轰击其他日舰，日军重巡洋舰"爱宕号"和"高雄号"都被击伤。

　　为了把"南达科他号"附近的日舰引开，李少将指挥"华盛顿号"先向西北航行。近藤见美舰炮火非常凶猛难以取得胜利，不得不放弃炮击机场的计划，于15日凌晨3时下令施放烟幕退出战斗。

　　"雾岛号"因为舵机失灵，无法跟随近藤撤退，又担心天亮后遭到美军飞机的攻击，就在15日凌晨打开海底阀自沉。日军的"朝云号"驱逐舰也因伤势太重而沉没。

　　至此，断断续续进行了3天的海战才告结束。

　　在这场持续3天的激烈海战中，美军共沉重巡洋舰2艘、驱逐舰6艘，伤战列舰1艘、巡洋舰2艘、驱逐舰4艘，顺利向瓜岛运上6000人的部队以及重装备和给养。

　　日军沉战列舰2艘、重巡洋舰1艘、驱逐舰4艘、运输船10艘，重创运输船1艘，伤巡洋舰6艘、驱逐舰3艘，计划运送的13500人和10000吨物资仅有2000人和5吨物资运上瓜岛。

　　这是双方争夺瓜岛过程中一次决定性的海战，双方主要目的都是向瓜岛运送援兵和物资，并阻止对方的增援。

　　在海战中，美军的运输比较顺利完成了，日军不仅付出了很大代价，而且所运输人员的85％和物资的99％都损失了，增援企图再次落空。

　　而且通过这次海战，美军获得了瓜岛海域的制海权，加上瓜岛地区的制

空权早已为美军所掌握，而日军的联合舰队又在海战中损失巨大，山本认为元气大伤的海军再也无法承受以如此巨大的代价去支援陆军的作战了。从此以后，山本不再派巡洋舰以上的水面舰只前往瓜岛，只使用驱逐舰利用夜间运送少量人员与物资，从而加剧了瓜岛上日军的困难处境。

美军则正好相反，在海战结束的第二天，即11月16日又将原在新几内亚的一批部队送上瓜岛，大大加强了瓜岛美军的力量，范德格里夫特认为胜利已经在握了！

瓜岛海战是一个决定性的转折。对美军来说，这次海战，是通往胜利的起点。

就在同一时期，11月3日，在非洲战场，德国非洲军团溃退；11月8日，美国军队进入摩洛哥；11月13日，苏军收复托布鲁克；11月19日，苏军把德军从斯大林格勒最后一个街区赶了出去。

11月17日，美国罗斯福总统在纽约宣布："在过去的两周，捷报频传，这次战争的转折点终于来到了。"

哈尔西将军在谈到瓜岛激战的意义时说：

11月15日凌晨，日本海军以失败而告终。在这以前，是美国跟着日本的意图挺进，在此以后，他们只能跟随我们的指挥棒撤退了。

日军走投无路
被迫撤退

1942年9月中旬，东条英机在陆军大臣办公室里听到从瓜岛视察回来的官员们所作的战况报告，表现出从来没有过的激动。

他说：

> 海军在我们不知道的情况下发动这次战役，让我们陆军擦屁股，这么搞很不好！为什么不在近处修飞机场呢？海军说有绝对优势能够作战，为什么白天不能掌握制海权呢？是不是把攻守的地方搞错了？怎样才能挽回颓势呢？

10月下旬，日本陆军内部也发生重大摩擦。日本大本营统帅部作战部长田中新一向陆军省军务局局长佐藤贤了要求增加运输船舶和飞机，并要求增加充分的兵力和器材，去瓜岛附近洋面恢复制空权、制海权，夺取瓜岛，遭到拒绝。

瓜岛海战失败和第三十八师团运兵船被击沉以后，陆海军能够利用的运输船舶已经微乎其微了。

11月6日，大本营陆军部又向陆军省要求增援37万吨船舶，陆军省坚决不答应。双方正闹得不可开交时，海军也来要求增援13万吨船舶，各方互不相让。田中新一反复坚持不能让3万人饿死在荒岛上，声嘶力竭地要求拨给37万吨船舶，寸步不让。

佐藤贤了则坚决不给，说："3万人饿死荒岛，思之断肠，但不能因为救

129

3万人而丢掉日本7000万人（指日本当时的总人口），不能拿国家的命运去换一个瓜达尔卡纳尔岛。"佐藤贤了主管军事行政，进退两难。

11月8日，东条英机也说："佐藤如果答应陆军统帅部的要求，供应37万吨船舶，民需用船就必定不足，钢铁生产也要减少一半，那将要影响国力，战争再也维持不下去了。"

从瓜岛撤退吗？善后工作又怎么收拾呢？那就必然要在布干维尔岛或中部新几内亚岛迎击盟军。

前方士兵正在流血、正在饿死，后方领导集团也正在翻锅一样地争吵不休。

田中新一气急败坏，打了佐藤贤了军务局长两个耳光。在另一个会上，甚至当着东条英机的面大骂佐藤。当天晚上，东条下令撤销田中的职务，把他调到缅甸前线去当师团长。

战争开始只有一年，不但石油和钢铁，就连飞机和运输船舶也不足，这使日本军国主义头子们大伤脑筋。严酷的现实与开战前他们的乐观估计大相径庭。

军内统帅阶层的船舶争夺，说明了日本的国力已经不允许太平洋战争继续打下去了。对这一点，当时不但东条英机知道，军部知道，政治家知道，最清楚的莫过于财界的资本家们。当年目空一切的东条，到现在已头昏脑涨无计可施了。

11月12日，日本大本营作战部第二课长服部从瓜岛回到东京，立即向东条英机报告，他把失败的原因归结为：

一是盟军完全掌握了制空权；
二是盟军准备好了炽烈而巧妙的火力，日军则是赤手空拳；
三是盟军地面和空中协同攻击，日军一切皆无；
四是日本指挥官能力薄弱；
五是士气呈麻痹状态。第二师的战斗力下降至1/4，卫生状态尤其不好。晒不着太阳，都发高烧，患疟疾痢疾的人甚多，营

养失调，运送一个伤病员需要4人至8人；

　　六是现虽有榴弹炮、野炮、山炮、高射炮共46门，但是弹药严重不足；

　　七是粮食奇缺。即使能运去一点，也送不到第一线的士兵手里；

　　八是军司令官还健康，说是还要干下去，但没有掌握实际情况，特别没有掌握最前线的实情；

　　九是盟军船团在白昼毫无顾忌地大胆登陆，日军只能在夜间利用潜水艇偷偷摸摸搞点小动作，用10艘潜水艇运到陆上的粮食只不过够吃两天。

　　11月16日，大本营作战部再一次向东条英机要求征用运输船舶，以便能在12月份有24万吨运输能力，至次年1月下旬能有20万吨，2月下旬能够有13万吨输送能力。东条英机立即答复，提出了几条不着边际的措施。最后又说："让3万人饿死，统帅部有重大责任！"他指着真田穰一郎等两位课长说："你们不要回来见我！"并且用尖锐的语调补充说："在地狱里见面吧！"

　　一贯自称常胜的"皇军"，在血和铁的事实面前，已成了"三连败"的常败之旅。裕仁天皇沉不住气了，11月19日，对第八军司令官今村说："南太平洋方面敌军的反抗，关系到国家的兴亡，要迅速救援苦战中的军队，挽回颓势！今村！努力干，拜托你了！"

　　为了打肿脸充胖子，日军大本营依然不断给瓜岛上的将士发电报，传达天皇绝不动摇的意志，要求天皇的"股肱"们在赤道下的小岛上继续作战。

　　12月10日，裕仁天皇率领东条英机等最高统帅部的高官们乘专列去京都。12日，到宇治山田参拜伊势神宫，祈祷神明保佑。

　　战争紧张时期天皇去祭拜祖先，这是历史上第一次，说明日本统治集团已到黔驴技穷的地步了。

　　12月25日晚，参谋本部作战课长真田穰一郎由第八方面军司令部所在地

拉包尔回到东京，面见杉山元等大本营的首脑。大本营首脑听了汇报后立即召开紧急会议，认为瓜岛上的陆军再也不能支持下去了，只有撤退。

28日上午，陆军参谋总长杉山元和海军军令部长永野修身决定把真实情况向天皇上奏，并要求从瓜岛撤退。

12月31日的御前会议上，决定取消另派两个师团去反攻的计划，并决定从瓜岛撤退的方针。经过筹划以后，决定从2月1日开始发起"撤退作战"，让瓜岛上的将士从悲惨的状态下逃生。大本营美其名曰"准备卷土重来的作战"。

1943年元旦那一天，瓜岛上未死的日军将士们领到了最后的粮食，每人干面包两块和一粒水果糖。1月末的一天夜晚，在黑暗中一位军官呼唤士兵紧急集合，告诉他们前线将士已经全部阵亡，召集部下参加最后的"肉弹突击"。

当时有许多人不愿参加，以负伤或有病为借口迟迟不动，有的人觉得反正都是死，便报名参加了突击队。没有想到这是对有勇气的士兵的一种特殊奖励，不是去战斗，是让他们参加第一次撤退。

当时美军在瓜岛上的兵力，陆军共有两个师29000人，第二海军师共有15000人，空军部队16000人，再加上原来常驻的海军部队5000人。在这样庞大的包围队伍面前打算撤出部队，实在千难万难。通过细心策划，日军从2月1日至2月7日，偷偷地撤退了3次。

日军事先派出矢野部队担负掩护撤退的任务。这支部队共约750人，都是从静冈县征集来的新兵。上岸后，立即向美军阵地虚张声势，佯做进攻，转移美军的注意力，使岛上日军利用空隙得以撤退。在整个掩护工作中，损失兵力约2/3。

2月1日黄昏，19艘驱逐舰开到离岸不到1000米的海面，以绿灯为信号，通知藏在椰林中的日军部队。九死一生的残余士兵们，在夜幕下穿越椰林，潜入乘船位置。在上船的号令下达以后，人们向舟艇冲去，一点秩序也没有了。预先准备好的梯子搭在舷侧，大家争着往上爬，有爬上的有跌下的，乱作一团。

最初几艘，由于上去的人过多，严重超载，被船上水兵推到海里淹死不少，忙乱了一个多小时才开船。

2月4日进行第二次撤退，由1艘巡洋舰和22艘驱逐舰组成的营救队沿所罗门群岛南下，被美机击伤两艘驱逐舰。在夜幕下撤回4900余人。

2月7日上午9时20分，18艘驱逐舰离开肖特兰，其中10艘担任掩护，途中因有雷暴雨，又遭到美军15架轰炸机截击，有1艘驱逐舰受伤，只有6艘驱逐舰驶达瓜岛，把司令部的人员和许多伤病员营救到舰上。还有许多不能登船的伤病员和担负警戒的战斗员，便欺骗他们说下次再来接他们，然后仓促开船。

这三次撤退伪装巧妙，行动果敢，共撤出陆军9800人、海军830人，还有一部分士兵残留在岛上。

这次撤退能够奇迹般成功，主要因为有一个默默无闻、未受上级赏识的

美军陆战队员

133

军官擅自进行情报战发挥了作用，他就是伊藤春树。

日本大本营通信参谋伊藤春树少佐，在过去所罗门海战美军的无线电通信频度中，发现美军在紧急的时候有不用暗号直接使用平常语言通讯的习惯。在这次日军即将撤退的时期，他急中生智，打了一个伪电，让美军上了当。伊藤乘美军所罗门海域警戒飞机和亨德森机场间通讯不良之机，从拉包尔基地的海军通信队，用美军的呼号拍电："亨德森、亨德森。紧急通信，我是第一号警戒队。"呼出瓜岛美军基地。

瓜岛美军基地应答以后，他发出电报：发现敌舰队，空母2、战列舰2、

❶ 困守瓜岛的日军（日本油画）

驱逐舰10、针路东南东。

美军瓜岛基地把这份伪电当真，马上转送到檀香山的美太平洋舰队司令部和努美阿的美南太平洋舰队司令部去。因此，驻在亨德森美空军基地的美军飞机误以为日本机动舰队即将来到，停在机场上等待，不敢轻易出击。

所以日本驱逐舰能够趁黑夜接运撤退军队。如果在海岸集结时遭到美军飞机轰炸，美丽的白沙海滨一定是另一番景象了。

日本投入瓜岛上的战斗部队，战死五六千人，另外有4300人是饿死的，还有一些是撤退时自杀或扔下不管的。还有一种说法，估计共约损失46000人。日本海军共损失24艘舰船，973架飞机，2362名飞行员。从这次败退开始，被日军占领的各岛屿都暴露在盟国反攻部队的压力之下。日军防线已是漏洞百出，全线动摇了。

瓜岛距离日本本土3000海里，无论是从舰艇部队和航空部队的作战能力，还是从后勤运输所需的船舶，都是日本力不从心的。

自中途岛战役失利后，日军未及时收缩战线，转入战略防御，仍然继续向所罗门群岛发动进攻，显然是不自量力的蛮干，这是导致日军瓜岛战役失败的最根本原因。

瓜岛战役是一场登陆战，而登陆战中的后勤保障对作战的胜负具有决定性的影响。失去运输船队的支援，即使部队登上岛屿也会因后援不继而失败。日军对这一点近乎无知，只注重对美军飞机、军舰的打击，却对运输船只和海滩上堆积如山的物资视而不见，最后使这场战役发展成为对日军极为不利的消耗战。

双方飞机对飞机，军舰对军舰拼消耗，最后日军不仅失去了瓜岛，还对以后的作战产生了深远影响。不重视保护自己的"粮草"、切断对手的"粮草"，也是日军瓜岛失败的重要原因之一。

在作战指挥上，日本的陆军参谋本部和海军军令部是两个完全独立平等的统帅机关，分别指挥陆军和海军。

虽然后来设立的大本营是作战的最高统帅机关，但因为陆、海军之间各

美军直升机

种矛盾根深蒂固，所以还是难以实施统一指挥。

最高统帅名义上是天皇，实际上天皇能够直接指挥的机会并不多，很难起到统一指挥的作用。战役进行中，陆、海军往往各行其是，当陆海军对某个问题争执不下时，大本营只好协调双方妥协。

为了避免陆、海军的摩擦，大本营将某些地区分别指定陆军或海军负责，这样做的结果是陆、海军之间互不通气。如瓜岛是划归海军负责的，最初就没有一名陆军驻守，陆军对于海军在瓜岛建机场，也全然不知。

后来为了协调陆、海军的行动，日军大本营于8月13日制订了关于所罗门群岛作战的《陆海军中央协定》，但并没有起到太大的作用。陆军在岛上的总攻，未能与海军协调行动；而海军舰队的出击，也不与陆军的进攻相配合，也就发挥不出陆、海军协同作战的威力。

陆军在岛上发动第二次总攻，海军则在海上组织圣克鲁斯海战，结果由于力量分散，陆地上既未能夺回机场，海上也没有消灭美军的舰队。在整个瓜岛战役过程中，这样的事例不胜枚举，陆、海军之间的不协调是日军瓜岛失败的一个惨痛教训。

日落激流

第二次世界大战太平洋战事

马绍尔群岛海战

　　马绍尔群岛海战，是太平洋战争期间美军于1944年2月在马绍尔群岛对日军进行的登陆战役。马绍尔群岛位于夏威夷群岛西南、马里亚纳和加罗林群岛以东，是日军中太平洋外围防御圈的主要岛屿，是美军进攻加罗林群岛和马里亚纳群岛的必经之地。此役，日军伤亡、被俘约1.1万人；美军以较小的代价突破日军外围防御圈，为进军马里亚纳群岛开辟了道路。

美军攻占
吉尔伯特群岛

马绍尔群岛，位于东经162度至173度，北纬5度至12度之间的广阔海域，东北是威克岛和夏威夷群岛，西有加罗林群岛和马里亚纳群岛，南面是吉尔伯特群岛。

该群岛海区面积达127.5万平方公里，陆地面积约190平方公里，由32个环礁岛屿组成。这些环礁岛屿由西北向东南呈并列两排的形状，主要有夸贾林、埃尼威托克、马朱罗、米利、马洛埃拉普、沃特杰、贾卢伊特和比基尼等，最大的是位于群岛西侧的夸贾林岛。

1943年秋，美国拉开中太平洋大反攻的序幕，横亘在美军面前的是日军的第一道防线——马绍尔群岛和吉尔伯特群岛，该防线被日本称为"外层防御圈"。美军必须突破这道防线，才能获得进攻日本本土的前进基地。

吉尔伯特群岛位于马绍尔群岛东南方向，横跨赤道，位于美澳两洲的交通线上，战略地位十分重要。该群岛由塔拉瓦岛、马金岛等16个珊瑚环礁组成。陆地总面积864平方公里。太平洋战争爆发后，日本海军于1941年12月10日占领了该群岛的主要岛屿，并在塔拉瓦、马金修建了飞机场，还在其他一些岛屿上设置了海岸观察哨。

攻占吉尔伯特群岛，对于美军来说，不仅是从中太平洋实施战略反攻的一次预演，更为重要的是，一旦占领了吉尔伯特群岛，就可以取得进攻马绍尔群岛所必需的前进基地，建立新的空中跳板，为下一步进攻马绍尔群岛扫清障碍。

为此，美参谋长联席会议同意了尼米兹将军关于攻占吉尔伯特群岛的作

战计划，并于1943年7月20日正式发出指令：首先攻占吉尔伯特群岛，然后攻占马绍尔群岛，并正式将吉尔伯特战役命名为"电流战役"。

另外，美参谋长联席会议还强调指出：

中太平洋是太平洋反攻的主要方向，应在人力、物力上对中太平洋部队予以优先保障。

为此，专门指定由新组建的中太平洋舰队——美海军第五舰队担任从中太平洋进行大反攻的战略任务。

在中途岛海空战中曾大显身手的斯普鲁恩斯海军中将，后被任命为美国太平洋舰队的参谋长，成为尼米兹的左膀右臂。1943年8月5日，他被任命为新组建的第五舰队司令，成为美军从中太平洋大举反攻的前线总指挥。

第五舰队的实力非常雄厚，它实际上囊括了除哈尔西的第三舰队、弗莱彻的第九舰队以及麦克阿瑟属下的第七舰队以外的所有太平洋舰队的兵力。

至1943年秋，它已拥有各型航空母舰19艘、各型战列舰12艘等各类舰只总计200余艘，各型飞机1080架。舰队的开路先锋是快速航空母舰突击队，番号是第五十八航空母舰特混舰队，指挥官是米切尔少将，下辖4个特混大队，共拥有各类航空母舰12艘，作战飞机800余架。

在战役开始之前，美军就积极进行了预先的作战准备。

8月下旬，美舰载机对吉尔伯特的日军基地进行了大规模的空中轰炸。

9月18日，3艘航空母舰组成的特混大队空袭了吉尔伯特的塔拉瓦和马金岛，先给日本人来了一个下马威，致使日军在塔拉瓦的飞机大部分被摧毁。

从10月份起，美舰载机和岸基重型轰炸机对预定攻占目标进行了不定期的超强度轰炸，每天投到塔拉瓦岛上的炸弹达100多吨。

这样，至11月20日，美舰炮和航空兵对这个面积不足2.5平方公里的小岛发射炮弹3000多吨，投弹1000多吨。

11月19日傍晚，南部登陆编队所有军舰在塔拉瓦岛东南海域集合完毕，

143

日落激流

在编队司令希尔少将率领下一起向登陆地域进发。

11月20日凌晨，负责地面作战的陆战第二师在师长史密斯少将指挥下做好了登陆塔拉瓦的准备。由特纳少将统领的北部登陆编队也驶抵马金岛附近海域，准备登陆马金岛。

但是，美军此前投下的数千吨炸弹并未收到预期的效果。因为日军大多数工事特别是火炮掩体都深埋在地下，只有用大口径火炮、使用延时引信炮弹才能将其摧毁。美军的登陆尚未开始，日军的海岸炮即开火射击，使登陆遇到意想不到的困难。

负责标示航道的"追踪号"扫雷舰在作业时遭到日军海岸炮的打击，边作业边与日军炮战，致使标定出的航道偏西，加上当时礁湖里正刮着强劲的西风，因此两栖车的航行速度比预定计划要慢。

海军的一架观察联络飞机发现两栖车无法在9时突击抢滩，便向旗舰"马里兰号"战列舰报告，可是"马里兰号"的通信设备已经失灵，没有收到这一重要的报告，致使一切仍在按照9时登陆的计划实施。

🔻 **美国海军特混舰队**

9时，舰载机飞临滩头，实施航空火力掩护。但由于地面上烟雾弥漫，飞行员无法看清目标，对地面攻击效果极差，日军的很多工事都安然无恙。

当美军飞机结束攻击飞走时，舰炮火力已向纵深延伸，滩头上出现了长达23分钟的火力间歇！

这段时间已足以让日军从隐蔽部进入防御工事，做好攻击准备。果然，美军的两栖车在接近滩头时遭到了日军火力的迎头痛击！大多数两栖车中弹，失去机动能力，只有少数得以上岸，海滩上到处是燃烧的两栖车和死伤的士兵，鲜血已将海水染成了红色。

好不容易冲上岸的陆战队员都被日军密集的火力压制在海滩上大堤下，根本无法前进。

陆战第二团团长肖普上校在海滩上拼命寻找能用的电台，以与后方取得联系。他原是陆战第二师的作战科长，刚在一星期前接替在演习中受伤的原第二团团长，由于他参与制订了塔拉瓦岛的登陆计划，因此他对该岛的地形、防御等情况都非常熟悉，这对于陆战第二团是不幸中的万幸。

10时30分，他终于找到了一部能用的电台，但直至中午过后，才与编队司令希尔少将和陆战第二师师长史密斯取得联系，报告了极其严峻的形势。

此时，登陆的美军只占领了纵深数米的滩头，而伤亡已经超过20％。希尔早已通过观察飞机知道海滩上情况不妙，接到肖普的报告更是大为震惊，一面命令舰炮继续猛烈射击为海滩上的部队提供炮火掩护，一面投入师预备队。同时，请求调总预备队来增援。

此时，塔拉瓦之战美军几乎已经到了失败的边缘。满载后续部队和重武器的登陆艇大部分被卡在珊瑚礁上，动弹不得，其余的只好在珊瑚礁外水域等待涨潮。

海滩上的部队死伤狼藉，被日军的火力压得无法前进，所剩无几的两栖车来回奔波，运上补给撤下伤员。

就在这样的关键时刻，陆战第二师充分发扬了海军陆战队所特有的顽强不屈的战斗意志、坚韧不拔的战斗作风，尽管伤亡惨重，尽管建制已被打乱，尽管指挥员死伤大半，下级军官、军士和士兵主动组织起来，拼死冲锋。

霍金斯中尉率领34名战士，用炸药包、刺刀、铁锹一步一步向前推进了300米，占领了滩头东侧一段长堤，取得了能展开炮兵的一块地方。炮兵立即将75毫米榴弹炮拆开，再把一块块部件运上滩头，组装起来，然后为部队提供炮火支援。霍金斯中尉在战斗中壮烈牺牲，为表彰他的英勇战绩，美军将该岛的机场命名为霍金斯机场。

肖普团长将团指挥部设在刚夺取的一个日军防空洞里，接连组织了5次攻击，最终在32架舰载机的大力支援下，夺取了栈桥。

　　海空军竭尽全力为登陆部队提供支援，4艘驱逐舰始终停在礁湖里，随时根据登陆的召唤进行舰炮支援，航母上的舰载机也不时出动，提供航空火力支援，美军终于扭转了登陆初期的不利，开始占据上风。但日军仍在负隅顽抗，战斗的惨烈难以用语言形容。

　　至11月23日凌晨，被压缩在岛东部狭长地带的日军残部，连续发动了3次大规模的自杀性冲锋，尽管对战局已毫无作用，却给美军造成了巨大的人员伤亡和心理恐慌。

　　5时许，日军的反击终告平息。中午过后，美军突破了日军的最后阵地，全歼了守军。陆战第二师师长史密斯于13时12分宣布，全部占领比托岛（日军在塔拉瓦岛最重要的防御核心岛屿）。

　　此役，日军4000余守备部队，除146人被俘外，其余全部战死，被俘的人员中129人是朝鲜籍的工程兵。美军失踪阵亡1013人，伤2072人，其中海军陆战队死984人，伤2001人。

　　美军以巨大代价攻占比托岛后，于11月24日占领了比托岛东面的埃塔岛。29日又在阿布里基岛登陆，消灭了岛上160名日军，占领该岛。至此，美军控制了塔拉瓦岛全部。

　　北部登陆编队经过3天的战斗，也于11月23日13时占领马金岛。

　　11月24日，第五两栖军军长霍兰·史密斯少将登上比托岛，面对刚刚经受过残酷战火洗礼的景象，这位久经战阵的将军大为震惊，他说：

　　　我想象不出他们是如何攻占这个岛屿的，这是我见到过的防御最完备的岛屿！

　　11月27日，尼米兹亲临塔拉瓦岛视察，并为有功的将士授勋。当时大量的死尸还来不及掩埋，空气中弥漫着尸体的恶臭。面对弹痕累累、尸横遍野的战场，这位身经百战的将军感慨地说：

我从未见到过如此狰狞的战场！

他认为这场血战的激烈程度毫不亚于第一次世界大战中有着"绞肉机"之称的凡尔登。

吉尔伯特群岛战役的胜利，从军事理论上讲，彻底解决了第一次世界大战以来对登陆作战所存在的疑惑，用事实证明，登陆方在强大的航母舰队和岸基航空兵的有力支援下，完全能够占领有着坚固防御的岛屿。

从军事地理上讲，不仅为即将开始的马绍尔群岛登陆战役夺取了一个重要的海空前进基地，还消除了从珍珠港到南洋和西南太平洋海上交通线的威胁。

更重要的是，美军以巨大的代价，取得了极其宝贵的经验教训，开创了太平洋大反攻中具有新特点的海空大战新时代——以强大的海空力量为主，同时配合登陆部队，拔除太平洋上日军的顽强堡垒。

攻占吉尔伯特群岛之后，美军在中太平洋的下一个攻击目标无疑就是马绍尔群岛了。

尼米兹制定
"单刀直入"计划

早在1943年7月20日，美军参谋长联席会议就向中太平洋战区兼太平洋舰队总司令尼米兹海军上将发出进攻马绍尔群岛的指令。

但鉴于马绍尔群岛有32个环礁，一时尚难确定首先攻击哪个环礁最为有利。尼米兹及其参谋人员经过仔细反复研究，于1943年8月决定先夺取夸贾林、沃特杰和马洛埃拉普3个环礁。因为夸贾林是日军在马绍尔群岛指挥部所在地，是其指挥中枢，而其他两个环礁距离夏威夷群岛最近，对美军的海上交通线威胁较大，所以必须首先予以攻占。

但是，参谋长联席会议认为尼米兹的方案选中的攻击地区过于狭小，于9月上旬批示，除攻击马绍尔群岛的3个环礁外，还应攻占威克岛、库赛埃岛、彼纳佩岛和包括特鲁克在内的加罗林群岛中部地区。

尼米兹和其参谋人员均认为这一要求太高，按照美军目前的实力，根本无法实现。

10月中旬，尼米兹仍按照原方案组织有关人员开始制订作战计划。

11月下旬，吉尔伯特群岛战役结束后，第五舰队的部分将领也根据刚结束的战役情况对作战计划进行慎重的研究。

第五舰队司令斯普鲁恩斯中将和第五两栖部队又称联合远征部队司令特纳少将均认为，如果同时进攻3个环礁，运送地面部队的登陆船只和火力支援舰只都不够。

第五两栖军军长史密斯少将也认为同时对这3个环礁实施登陆，以目前的地面部队是远远不够的。经过反复协商和讨论，最终决定分两步走，第一步

先夺取沃特杰和马洛埃拉普环礁，第二步再攻占夸贾林，以解决兵力和船只不足的问题。

从12月起，美军的B－24轰炸机几乎每天从吉尔伯特群岛起飞前往马绍尔群岛进行轰炸、侦察。

通过这些空中侦察，发现日军在夸贾林环礁南北两个岛屿上都建有机场，而且最近正在将夸贾林岛的部队调到外围岛屿。

夸贾林环礁的礁湖是很理想的深水锚地，尼米兹凭借其过人的军事素养和直觉，意识到夸贾林具有巨大的价值。而日军正在削弱其防御力量，这正是个绝佳的进攻机会。

他与快速航空母舰突击队司令米切尔海军少将研究后，认为完全可以用航母舰载机和岸基飞机将日军附近机场的航空兵压制住，保证登陆的成功。因此，他果断决定首先在夸贾林实施登陆，来个单刀直入、中心开花。

斯普鲁恩斯、特纳和史密斯对这一大胆计划都深感震惊，担心进攻夸贾林时会遭到日军从外围岛屿机场起飞的飞机围攻。一旦因伤亡过大或进展缓慢而不能及时结束战斗的话，被日军联合舰队抓住机会，美军就会陷入极其被动的局面。

退一步说，即使能迅速攻占夸贾林，快速航母突击队撤走后，夸贾林将成为日军航空兵集中攻击的目标，海上交通线也会受到日军严重威胁。因此，他们竭力说服尼米兹先打沃特杰和马洛埃拉普环礁，但尼米兹的决心毫不动摇。

无奈之下，斯普鲁恩斯只得建议在攻击夸贾林之前，先夺取马绍尔群岛东部的马朱罗，以取得进攻夸贾林的前进基地。

尼米兹见马朱罗有礁湖可作为舰队停泊的锚地，岛上地势平坦又可建造机场，岸基航空兵一旦进驻，既可以支援对夸贾林的作战，又可以有效掩护联系夸贾林的海上交通线，是个比较理想的跳板，因此，同意了这一建议。

美海军实施
"燧发枪战役"

1944年1月中旬，尼米兹下达了进攻马绍尔群岛的作战命令。这次作战将分为4步：

> 第一步占领马朱罗，以取得前进补给基地和航空基地；第二步夺取夸贾林；第三步攻取埃尼威托克环礁；最后夺取马绍尔群岛中除米利、沃特杰、马洛埃拉普和贾卢伊特4个环礁以外的其余环礁岛屿，而将这剩下的4个环礁封锁起来，围而不攻。

战役代号"银行日息"，后改为"燧发枪"。

尼米兹之所以敢于坚持先进攻夸贾林，一方面他根据马绍尔群岛在日军整体战略防御中所处的地位，认为日军联合舰队是不会前来迎战的，可以放手夺取夸贾林；另一方面，美军已经从塔拉瓦的登陆战中吸取了经验教训，在装备和训练上大大改进，他完全相信美军的实力，可以迅速攻占夸贾林，达成战役目的。

战役开始前，美军做了周密的准备。美国海军为登陆战定做的两艘专用指挥舰"落基山号"和"阿巴拉齐亚山号"已建成服役，还有两艘4000吨级的新型快速战列舰"艾奥瓦号"和"新泽西号"也加入了太平洋舰队，大大提高了舰队的实力。

新型单兵电台也研制成功，并已开始在部队中使用，这种电台体积小重量轻，同时具有防水性能，非常适合登陆部队使用。

海军航空兵的工程师对"复仇者式"鱼雷机进行了改装，使之能携带对地攻击的1000公斤重磅炸弹和集束炸弹，给"海盗式"战斗机和"恶妇式"战斗机安装火箭发射器，大大提高了对地攻击的威力。

在夏威夷群岛的卡胡拉韦岛上，美国海军完全按照日军在塔拉瓦的防御体系"克隆"了防御工事，然后组织军舰和飞机进行火力轰击。

结果发现只有在3000米至5000米距离上，使用大口径舰炮发射延时引信穿甲弹，进行排炮俯射才能予以摧毁，而且射击速度要慢，要有间隔和节奏。

根据这一实验结论，美国海军担负舰炮支援的舰艇进行了精确对岸炮击的强化训练，大大提高了舰炮射击的精度。海军航空兵的飞行员也进行了对地攻击的强化训练。

尤其是"地狱俯冲者式"俯冲轰炸机飞行员更是专门进行了以250公斤或500公斤穿甲弹对点状地面目标实施精确攻击的专项训练。

尼米兹将军亲自制订的马绍尔战役计划由代号为"燧发枪战役"和"法警战役"两大阶段组成。其中："燧发枪战役"的D日为1944年1月31日，主要攻击目标是夸贾林岛。如果"燧发枪战役"进展迅速，随即进行"法警战役"，即攻占马绍尔全岛。

1944年1月，日军在马绍尔群岛的地面部队共43000人，其中陆军部队16000人，海军部队12000人，其他部队15000人。驻该地区的航空部队是第二十四航空战队，原有飞机约130架，在吉尔伯特战役期间曾从北海道、千岛群岛和拉包尔调来88架飞机予以加强。

但在美军多次打击下，至1月底，在各机场仅存舰载战斗机55架、舰载攻击机10架、岸基攻击机30架和水上飞机4架，总共99架。海军舰艇部队在马绍尔群岛只部署了4艘扫雷艇和5艘猎潜艇。

上述兵力由海军第六巡防区司令秋山门造统一指挥。

由于日军兵力不足，只得集中防御夸贾林、米利、沃特杰、马洛埃拉普、贾卢伊特和埃尼威托克6个主要环礁岛屿。秋山判断美军如果攻击马绍尔群岛，不是从吉尔伯特群岛出发进攻米利环礁和贾卢伊特环礁，就是从珍珠

港出发进攻马洛埃拉普环礁和沃特杰环礁。

特别是米利环礁位于群岛东侧，位置暴露，最有可能遭到美军的攻击。因此，日军重点加强米利的防御，甚至不惜从中心主岛夸贾林抽调兵力去增援，这给美军直取夸贾林的作战造成了极为有利的条件。

美军为确保兵力兵器上的绝对优势，迅速夺取战役胜利，投入地面部队84000人，舰艇370余艘，其中航母12艘、护航航母8艘、战列舰15艘、巡洋舰21艘、驱逐舰92艘和登陆舰艇100余艘，飞机1400余架，其中舰载机930余架。

中太平洋战区兼太平洋舰队总司令尼米兹海军上将坐镇珍珠港，实施全面指挥调度，第五舰队司令斯普鲁恩斯海军中将担任海上战役总指挥，地面部队由第五两栖部队司令特纳海军少将指挥。所有参战兵力分为5个部分，分别是：

第五十一特混编队，又称共用进攻部队，由第五两栖部队副司令希尔海军少将指挥，下辖9个特混大队，共计护航航母2艘、重巡洋舰1艘、驱逐舰和护卫舰18艘、扫雷舰5艘、登陆舰艇48艘，运送海军陆战队第四师之第二十二团和陆军第二十七步兵师之第一〇六团，共两个加强团的兵力，除一个营负责占领马朱罗环礁外，其余部队为总预备队，随时准备加入夸贾林的作战。

第五十二特混编队，又称南部登陆编队，由第五两栖部队司令特纳少将指挥，下辖7个特混大队，共计护航航母3艘、战列舰4艘、巡洋舰4艘、驱逐舰21艘、扫雷舰9艘、登陆舰船59艘，运送查尔斯·科利特陆军少将任师长的陆军第七步兵师，担负攻占以夸贾林岛为主的环礁南部岛礁。

第五十三特混编队，又称北部登陆编队，由理查德·康诺利海军少将指挥，下辖7个特混大队，共计护航航母3艘、战列舰4艘、巡洋舰5艘、驱逐舰22艘、扫雷舰13艘、登陆舰船62艘，运送哈里·施密特海军少将任师长的海军陆战队第四师，担负攻占以罗伊岛–那慕尔岛为主的环礁北部岛礁。

第五十七特混编队，即岸基航空兵部队，由约翰·胡佛海军少将指挥，分为突击大队和搜索大队，共有飞机470余架，主要负责战前侦察和航空火力准备，并支援、协同第五十八特混编队夺取战区制空权。

美军野马战斗机

第五十八特混编队，即快速航母编队，由马克·米切尔海军少将任司令，下辖4个特混大队，共计航母12艘、战列舰8艘、巡洋舰6艘、驱逐舰36艘，负责消灭日军在马绍尔群岛的航空力量，并对日军在马绍尔群岛其他岛屿实施海空封锁，随时准备迎击来犯的日军联合舰队。

尼米兹将军决心在登陆之前，用占绝对优势的海空力量把夸贾林的防御设施砸得粉碎。为此，美机实施了长时间的航空火力准备，自1月29日起连续3天对该岛的机场、机库、炮兵阵地等设施进行了猛烈轰炸。

谢尔曼少将的第三特混大队出动的230架舰载机，对马绍尔群岛日军的主要航空基地进行了一次毁灭性轰炸，将夸贾林岛机场上整齐停放的100多架日机全部摧毁。

与此同时，里夫斯少将的第一特混大队、蒙哥马利少将的第二特混大队，好像比赛似的先后对马绍尔群岛上的日军各机场进行了大规模的空袭。昔日威风凛凛的日机，顷刻之间被炸得七零八落，化为一堆堆燃烧的火焰。

在登岛之前，美机仅在夸贾林主岛就投掷了上万吨炸弹，岛上守军有一大半被炸死，岛上到处浓烟滚滚、大火熊熊，简直成了一座爆炸燃烧的火药库。就连从不愿恭维任何人的史密斯少将，也曾在登陆后的几天里不断地称赞航空兵："干得漂亮。"

战后的史学家在评论当时的战况时说：

> 海军炮火和空中支援，满足了最热切的期望，使部队能够上岸，并站得住脚。

美军在夺取夸贾林环礁南部岛礁的作战中，阵亡177人，伤1037人。日军在这些岛礁约有5100人的守备部队，除49名日军和125名朝鲜工程兵被生俘外，全部被歼。

就这样，至2月7日，美军顺利攻下了马绍尔群岛的第一大岛——夸贾林岛，斯普鲁恩斯将军的中太平洋舰队取得了"燧发枪战役"的最后胜利。

美军特混舰队
空袭特鲁克

就在"法警战役"打响之前，尼米兹将军的目光盯住了素有"日本的珍珠港"之称的日本海军联合舰队所在地——特鲁克。

在太平洋战争期间，日海军联合舰队司令部所在地特鲁克岛一直披着一层神秘的伪装。

"特鲁克"一词，在马来语中的本意是"耸入高空的山"。这里的岛屿兼有珊瑚、火山两种特点，与吉尔伯特、马绍尔群岛中的珊瑚岛有所不同。

特鲁克岛是特鲁克群岛中最大的岛屿，呈三角形，每边长60多公里，中间是一个直径30至40海里的礁湖，真可说是一个天然的舰船停泊港。特鲁克不仅位于加罗林群岛的核心，而且还雄居南太平洋日本"内防卫圈"的心脏。

特鲁克群岛扼美军从中太平洋进攻的咽喉，处于进可攻、退可守的有利地位。东可支援吉尔伯特和马绍尔群岛；南可威胁新几内亚和所罗门群岛；西可庇护帛琉至菲律宾群岛一线；北可成为小笠原群岛、马里亚纳群岛以至日本本土的屏障。

另外，它还是日本所谓"绝对国防圈"链条上最重要的一环。岛上还建有大型飞机场，有数百架日机构成强大的攻击力量。因此，其战略地位十分重要，素有"永不沉没的航空母舰"和"太平洋上的直布罗陀"的美称。

1942年7月，中途岛海空战刚刚结束，山本五十六就将他的联合舰队司令部迁至特鲁克港。从此，这里就成了日本海军的大本营。

尔后，日本人苦心经营，特鲁克港对于日本而言就犹如珍珠港对于美国

一样，具有特殊的战略地位。因此，特鲁克又有"日本的珍珠港"之称。

1944年2月，当美军在马绍尔群岛大动干戈的时候，尼米兹将军就意识到，特鲁克日军强大的航空兵对中太平洋舰队正在进行的反攻将是一个很大的威胁，于是决定在"法警战役"打响之前，以己方占绝对优势的空中力量，首先将特鲁克日军基地一举摧毁。

2月10日黄昏，日联合舰队旗舰"武藏号"静静地锚泊在特鲁克港。

"发现敌机！"舰上观察哨的报告使"武藏号"舰长佐藤大吃一惊。

这时，只见在"武藏号"舰首的正前方天空中，有两架美B－25双引擎轰炸机正在特鲁克上空的云缝里时隐时现。"武藏号"和邻舰"大和号"上的防空炮火齐声轰鸣，两架B－25迅速藏匿到云层中去了。

原来，这是尼米兹将军特意安排的一次对特鲁克实施的战略侦察。这两架从东所罗门群岛基地起飞、航程达2000多海里的侦察用轰炸机，不带任何武器，只带照相机。机上人员不顾日舰高射炮火的威胁，一个劲地照相、侦察。

就这样，虽然他们在特鲁克上空停留时间还不到20分钟，但却给尼米兹将军带回了十分珍贵的情报：特鲁克港云集着上百艘日本舰船。

美侦察机在特鲁克上空突然出现，一下子就引起了时任日本海军联合舰队司令长官古贺的恐慌和不安。因为此时此刻整个战局对他十分不利，稍不注意，就有可能遭受全军覆没。

在南方，日本已完全丧失了所罗门群岛，麦克阿瑟的部队正沿新几内亚长驱直入。在东南方，日本人在吉尔伯特群岛也是全线崩溃。在东北方，日本人苦心经营25年之久的马绍尔群岛已朝不保夕。

面对如此险恶的战局，古贺预感到美国人无情的炸弹马上就要砸在自己的头上了。于是，三十六计走为上，他马上命令联合舰队撤离特鲁克港。

2月12日黄昏，米切尔的第五十八特混舰队所属的9艘航空母舰和大批护航的战列舰、驱逐舰，悄悄地驶离刚刚占领的位于马绍尔群岛东南方的马朱罗海军基地，向西南方驶去。

此行，一切都处于绝对保密状态，除米切尔和几个主要参谋人员之外，任何人都不知道具体任务。为了保密，一路上还严禁使用无线电。

2月16日凌晨6时30分，第五十八特混舰队经三天四夜的行驶，在即将进入预定攻击海域时，舰员们才得知此行的战斗任务是空袭特鲁克。

此时，庞大的美军特混舰队距特鲁克仅有100海里，正是发起攻击的大好时机。只见9艘航空母舰立即转向逆风方向行驶，航空母舰的甲板上，舰载机的引擎轰隆声响成一片。

6时45分，第一攻击波的70架"恶妇式"战斗机呼啸着离舰，紧接着，24架"无畏式"俯冲轰炸机、36架"掠夺者式"鱼雷机和18架"复仇者式"轰炸机也箭一般地射向海空。148架美机在晨曦中急速向特鲁克飞去。

此时此刻，特鲁克好像当年美国的珍珠港一样疏于戒备。尽管机场上还有力量相当可观的300架飞机，但大部分飞行员已被批准放假外出。

直至7时12分，美庞大机群已兵临城下了，特鲁克指挥中心才惊慌失措地

美军的侦察飞机

发出战斗警报。

然而，当美机群抵达特鲁克上空时，港内的"猎物"已远远不如侦察报告的那样丰富了。此时，先头的70架"恶妇式"战斗机已穿过大礁湖，首先发现30余架紧急起飞的"零式"战斗机迎面扑来。然而，一经交战，美机便占了上风。

美机群不仅在数量上远远超过日机，而且在飞机性能和飞行员的素质方面也远胜于日方，因而在空战中便处于绝对优势地位。

自瓜岛之战以后，美海军的舰载机质量已经有了相当程度的提高。格鲁曼公司制造的"恶妇式"战斗机是美海军头一批比日军最新型的"零式"战斗机综合性能略胜一筹的舰载战斗机，1942年年初才开始小批量装备部队，它装有6挺12.7毫米机枪。

尽管由于它的装甲和自密油箱比较重，因而在灵活性方面显得比"零式"机略差一些，但在飞行速度、爬高和俯冲方面都比"零式"要好。"恶妇式"战斗机的时速可达600公里，最大载荷有效航程为2400公里。

而日本最先进的"零式"战斗机时速只有500公里，最大载荷有效航程仅为1800公里。另外，"零式"战斗机还有一个致命的弱点，就是它对飞行员和油箱缺少保护，极易遭到攻击。正是这一点，使它在空战中吃了很大的亏。

而"恶妇式"战机的驾驶员后部有很厚的装甲板保护，前部有很厚的防弹挡风玻璃，一般不易遭到攻击。因此，这种新型战机很受美国飞行员的喜爱。

美海军舰载机的飞行员在参战前大都受过良好的飞行训练，他们一般都是从中学或大学里经严格挑选出来的学生，先进入飞行预校接受初级飞行训练，一年后转到初级飞行训练中心，进行3个月的飞行学习，接着再进行近半年的中级飞行训练。

另外，美海军舰载机飞行员还要在旧货船或由油船改装而成的航空母舰上专门进行两个多月的起飞和降落训练。此外，还有专门为这些新学员用的训练中心，重点进行各类战术训练，以此来提高新飞行员的作战技巧。

而日本飞行员的训练与美国相比则是大为逊色。自从参加中途岛海空战

的那批"飞行冠军"葬身大海、瓜岛惨败又遭重大损失之后，日本飞行员的飞行技术是江河日下。由于伤亡太大，补充频繁，根本来不及进行有效的训练，只经过短期训练，便匆忙披挂上阵了。

正因为如此，在刚刚开始的特鲁克空战中，日"零式"战机与美"恶妇式"战机一经遭遇，仅仅几个回合，"零式"战机便有的凌空爆炸，有的拖着长长的黑烟直向大海栽去。经过近一个小时的空中激战，美机群先后将120多架升空的日机击落，停在地面上的上百架飞机也全部被摧毁。

与此同时，从"无畏式"俯冲轰炸机上呼啸而下的重磅炸弹和"掠夺者式"鱼雷机投射的鱼雷，将特鲁克岛上空的防御设施炸得支离破碎，一片狼藉，粗大的椰子树也被拦腰切断，珊瑚沙被卷上天空，加上滚滚黑烟致使岛上遮天蔽日，什么都看不见。

另外，在这次作战中，美国人还创造了一种不用炸弹进行轰炸的新战法：当发现目标后，驾机低空水平飞行，投下机腹油箱，待油箱击中目标后，僚机就朝油箱开火，此时，冲天的火柱就会骤然升起。

米切尔将军很欣赏这种发明，特意向尼尔兹报功。尼米兹回答说：

干得好，你们的这种打法使敌人难以招架。太平洋舰队总司令谨向你们祝贺这种第一流的纵火把戏。

经过整整一个上午的轰炸，海面上到处是凄惨悲凉的景象。日轻巡洋舰"阿武号"和驱逐舰"舞风号"等军舰在冲天的水柱和翻滚的浓烟中四处奔逃。

那些毫无防范能力的一群群大货船、油船更是惊慌失措，如丧家之犬。然而，这些倒霉的军舰和大船基本上都未能逃脱沉没海底的下场。

下午，美舰载机再次前来光顾特鲁克上空。此时，特鲁克已没有几架幸存的日机了，偶然起飞的零星几架飞机，也根本无法和庞大的美机群相抗衡，很快就被打了下来。

就这样，美机在没有任何空中威胁的情况下，巧妙地躲过高射炮火，就

🔺 被击中的日军飞机

像狩猎似的任意选择目标进行轰炸。只见美"无畏式"和"掠夺者式"轰炸机就像进行投弹比赛一样，轮番对特鲁克的地面目标进行俯冲、投弹。

深夜，美军又首次使用装有雷达的"复仇者式"鱼雷机，在无护航飞机的掩护下，对特鲁克进行了夜间空袭。

这种飞机是自中途岛海空战后开始装备部队的，它的性能较"掠夺者式"要优越得多，且生产量也大得多。它可携带1枚22英寸鱼雷或2000磅炸弹，时速267海里，最大续航力超过2000海里。后来生产的这种飞机都装有比较先进的雷达设施。

当这些先进的美机飞临特鲁克礁湖上空时，高度骤然降至60米左右。这时，1枚信号弹划破夜空，瞬间，礁湖周围的日防空火炮都开了火，但日军根本没有料到美机会飞得这么低，发射的炮弹全都在飞机上空爆炸了。

　　而美"复仇者式"轰炸机则靠雷达帮助识别目标，对特鲁克进行了卓有成效的攻击。

　　后来，当日本人从"复仇者式"轰炸机排气管的微弱闪光中辨认出美机，迅速改变射击仰角准备重新射击时，"复仇者"早已轰炸完毕，飞离特鲁克。

　　这次短暂的夜间空袭，取得了比白天两次空袭更大的战果。

　　美机对特鲁克的空袭真可说是硕果累累：共击沉各种舰船40余艘，毁坏飞机近300架，日军人员损失达1800多人。

　　空袭特鲁克使东京大为震惊，大本营甚至认为：这一次空袭可称为"第二次珍珠港事件"。

　　后来，日联合舰队的旗舰"武藏号"舰长佐藤在其回忆录中不无凄凉地说：

　　　　海上的损失也惨不忍睹，主力巡洋舰在下沉，40余艘舰船相继葬身海底。到昨天为止，这个联结南北的要冲因为是联合舰队的泊地而成为太平洋上争夺焦点的特鲁克，已面目全非，化为一片废墟，有如当年被我方蹂躏了的珍珠港，损失惨重。

　　由此，也可见空袭特鲁克的影响之大了。

美海军陆战队
实施登陆作战

　　美军在成功地夺取了夸贾林岛之后，又按照原先的计划挥师东向，直指埃尼威托克岛。

　　埃尼威托克岛是马绍尔群岛中最西端的岛屿，是一个又大又圆的珊瑚礁。埃尼威托克的含义是"坐落在东西之间的一块土地"，夺取该岛，美军就等于获得了中太平洋大反攻的重要中转站。

　　日军于1942年11月派出300余名工程兵，在环礁北部的恩吉比岛上修建机场，12月又增派500余工程兵，以加快施工进程。1943年3月建成一个拥有1200米长跑道的大型机场，可供重型轰炸机起降。

　　但日军未在该机场部署常驻航空兵，只将该机场作为马里亚纳、马绍尔和加罗林群岛之间中继基地。

　　守备埃尼威托克岛的部队是日本海军第六十一警备队，1944年1月又从中国东北调去了海上机动第一旅团，以加强防御力量。日军地面部队主要防守恩吉比岛、埃尼威托克和帕里3个岛礁，具体部署在恩吉比岛1200余人，埃尼威托克800余人，帕里岛近1500人，共3500余人，其中工程兵约800人，战斗部队2700人，第一旅团的指挥部设在帕里岛。

　　1943年2月15日，希尔海军少将率领登陆编队从夸贾林出发，于17日驶抵埃尼威托克海域，由于登陆部队只有8000人，与日军相比，仅有2.2：1的优势，无力同时在3个岛礁上登陆，只能逐一夺取。

　　金德少将指挥的第五十八特混编队第四大队，编有3艘航母、3艘巡洋舰和8艘驱逐舰，舰载机约150架，同时到达埃尼威托克海域，与登陆编队中的

护航航母一起，负责提供空中掩护和航空火力支援。鉴于恩吉比岛上建有机场，美军将其作为第一个攻占目标。

2月17日，由奥登多夫海军少将指挥的巡洋舰和驱逐舰组成的舰炮火力支援大队首先炮击了礁湖两侧的岛礁，掩护扫雷舰进入礁湖，清扫水雷标示航道。

14时许，希尔派出两支侦察分队，乘履带登陆车分别在恩吉比岛东南的山茶花岛和鲁周卢岛登陆。日军在这两岛未部署部队，所以美军未遇抵抗，顺利占领两岛，随即将12门105毫米榴弹炮和12门75毫米榴弹炮分别运上两岛，为次日进攻恩吉比岛做好了准备。

2月18日晨，美军巡洋舰、驱逐舰和舰载机以及设在两个小岛上的火炮一起向恩吉比岛实施猛烈的火力轰击。日军在美军猛烈火力轰击下，伤亡过

美军两栖登陆部队

半，残部之间的联系也大都断绝，陷于孤立分散状态，难以组织起有效抵抗。8时，美军以6艘登陆炮艇、20辆履带登陆车和17辆水陆坦克组成第一登陆波，向恩吉比岛海滩冲击。

9时，登陆部队陆战第二十二团顺利上陆，东部登陆部队进展顺利，但西部由于靠近机场，日军防御较严密，美军遭到了顽强抵抗，尤其是日军凭借海滩后面一条3米高的大堤，居高临下阻击美军推进。陆战二十二团团长随即投入预备队，突破了日军防线。

海军陆战队不愧是美军的精锐之师，在坦克支援下迅即肃清了日军，于16时40分占领恩吉比全岛。日军守备部队战死1261人，被俘16人。美军阵亡85人，负伤166人。

美军原计划在攻占恩吉比岛之后，同时在埃尼威托克和帕里岛发起登陆，但根据在恩吉比岛上缴获的日军文件获悉，日军在这两个岛礁上的守军都是第一海上机动旅团的精锐，战斗力很强，希尔和沃森商议之后决定改变计划，先集中兵力夺取埃尼威托克，得手后再进攻帕里岛。

2月19日晨，步兵第十六团在舰炮和舰载机掩护下，于8时30分发起冲击，9时20分顺利上岸，随着部队向纵深的推进，日军凭借防御工事抵抗也越来越激烈，美军只得加派陆战第二十二团第三营和部分坦克上岸，增援第一〇六团，直至黄昏时分，才突破日军防线，但天色将黑，美军便停止进攻转入防御。

2月20日，陆战第二十二团第三营在坦克支援下进展迅速，很快就攻占所承担的区域，随即主动配合左邻第一〇六团一营歼灭了岛南部地区的全部日军。而负责攻占北部地区的第一〇六团三营被日军依托岛礁最窄处构筑的防御工事所阻，召唤舰炮和舰载机进行了猛烈火力轰击，但直至天黑地面部队仍未取得突破。

同一天，为了掩护在帕里岛的登陆，陆战第二十二团将12门75毫米火炮运上了紧邻帕里岛的普加纳岛，并从20时起对帕里岛开始进行炮击，海军的3艘战列舰和两艘巡洋舰也对帕里岛进行了近距离的轰击。由于日军防御工事

多为地下和半地下，舰炮射击效果并不理想，美军又从护航航母上起飞舰载机，实施航空火力准备，这才给日军工事造成了很大破坏。

2月21日，美军出动大批舰载机对埃尼威托克进行了猛烈攻击，地面部队在此支援下终于突破了日军防线，于当天下午占领全岛。

2月22日，陆战第二十二团第一、第二营从帕里岛北部同时登陆，接着陆战第二十二团第三营随之上岸，3个营齐头并进向纵深推进，岛上的日军虽然经过连续3个昼夜的火力轰击，工事大半被毁，人员死伤过半，但残部仍凭借一些未被摧毁的工事负隅顽抗。

美军组成爆破小组，在坦克掩护下使用火焰喷射器和炸药包，将日军火力点——消灭，中午时分就已占领岛北部地区，南部地区的战斗也于黄昏前结束，沃森将军于当晚19时30分宣布占领帕里岛。

整个"法警"作战中，美军只有两艘登陆炮艇遭到己方误击而受伤，以死195人、伤521人的代价，全歼埃尼威托克的3500余日军，攻占埃尼威托克环礁。马绍尔群岛战役至此结束。

美军通过"隧发枪"和"法警"战役，夺取了夸贾林、罗伊岛、那慕尔岛、埃尼威托克诸岛礁，毙伤日军约11000人，俘虏329人。美军阵亡和失踪568人，负伤2108人。

美军在马绍尔群岛的登陆作战中所表现出的极高战术水平，参战各军兵种之间的配合协同，完美默契，堪称经典。很多美军将领认为，此役是最漂亮的一次两栖登陆战，就连极少夸奖别人的第五两栖军军长史密斯也说："在夸贾林的战斗，是迄今为止最令人满意的一次！"

为了表彰第五舰队高级指挥官的优异表现、高超的指挥技巧和组织才能，同时鉴于舰队规模不断扩大，参谋长联席会议批准了部分将领晋升军衔。2月4日，第五舰队司令斯普鲁恩斯海军中将晋升为海军四星上将；第五两栖部队司令特纳少将、第五两栖军军长史密斯少将和第五十八特混编队司令米切尔少将分别于3月7日、14日和21日被晋升为海军中将。

日落激流

第二次世界大战太平洋战事

登陆冲绳岛

　　冲绳岛为琉球群岛的第一大岛，位于日本本土和中国台湾之间。1945年年初，美军占领吕宋岛及硫磺岛后，为掌握整个琉球群岛的制海权和制空权，建立进攻日本本土的基地，决定攻占冲绳岛。冲绳岛因其在日本本土防御中的重要战略位置，被誉为日本的"国门"，因此冲绳岛登陆战被称作"破门之战"。

美军制定
"冰山行动"计划

在日本九州岛和中国台湾岛之间，有一条连绵不断长约700余海里的岛屿锁链——琉球群岛。

位于该群岛正中间的冲绳岛是这一岛屿锁链中最重要的一环，也是其中最大的一个岛屿。其面积达1220平方公里，人口约46万，主要城市有那霸、首里和本部町。

冲绳岛北部多山地，南部则是开阔平坦的丘陵地带，岛的东海岸有金武湾和中城湾两个天然港湾。岛上除那霸军港以外，还有那霸、嘉手纳、读谷和那原4个机场。

冲绳岛上随处可见一种特别的建筑，就是圆形的家墓，用坚固的石料建成，日军稍加改装后就成为坚固的防御工事。

冲绳岛既是掩护日本本土的最后一道屏障，又是美军攻占日本本土的最后一道关卡。因该岛在日本本土防御中的重要战略位置被誉为日本的"国门"。

美军占领菲律宾后，冲绳岛在本土防御中的地位更加突出。对于日本而言，冲绳岛一旦失守，本土、朝鲜以及中国沿海地区的制海权、制空权将悉数丧失，日本赖以生存的通往东南亚的海上交通线将被彻底切断。

因此，日军大本营判断美军在进攻日本本土之前，必先在冲绳岛登陆，所以日军对冲绳的防御极其重视。自1944年7月马里亚纳群岛失守后，就开始重点加强冲绳岛的防守兵力和防御工事。

盟军进攻冲绳的时候，欧洲战场的德军已如风前残烛，西线盟军在1945年2月11日开始6路总攻击；柏林已无险可守，东线苏军已到达距柏林只有22

170

公里的地方（德国在5月8日正式投降）。这时，英国海军早已有一部分调到太平洋和美国海军组成联合舰队参加战斗。

冲绳作战计划是在1945年1月3日由美第五舰队司令官斯普鲁恩斯上将下达的。2月9日，又颁发了特纳中将制订的具体作战计划。单计划文件一项即用纸数吨，可见计划的周密细致程度。这次作战的代号叫做"冰山行动"，其动员兵力之多，完全可以和1944年盟军从法国北海岸诺曼底登陆相比。

盟军总共有50万以上的陆海空军参加，陆军进攻部队7个师18万人，加上预备师共27万人。第一批进攻部队为4个师，组成美国第十集团军，由西蒙·博利瓦·巴克纳中将指挥，另有预备队3个师。

海军更是浩浩荡荡，1500艘舰船布满冲绳岛周围海域，一望无际。其中有战斗用舰艇300余艘，辅助舰艇1100多艘，仅航空母舰就有34艘，战列舰21艘，巡洋舰30艘，舰载机2000余架。此外，还有英国太平洋舰队的航空母舰4艘、战列舰2艘、巡洋舰6艘，驱逐舰10艘也来参战。准备的作战物资，除10万吨弹药、123万吨燃料以外，还有大量的军需物资，仅香烟就有270万包。

日军在这样雄厚的进攻力量面前仍然企图顽抗。防卫冲绳的战略方针修改过许多次，但无论如何也拿不出什么好主意。

最后，大本营下达了一个《岛屿战法要领》，在双方力量过度悬殊的情况下，决定坚持拖延时间，强调力戒过早"玉碎"，争取打持久战。

日军判断美军可能先攻台湾后打冲绳，为了台湾防务需要，冲绳岛上原来驻有精锐部队第九山炮师团，已调离冲绳，为了补充这一缺口，原来拟定由本土调来姬路第八十四师团。可是，由于冲绳周边海域已被美海军封锁，驻扎姬路的第八十四师团不能到达冲绳。因此，守卫冲绳的陆军只剩下第三十二军的兵力了。

日本第三十二军共有两个半师团约8万人，其中67000人是正规陆军，其余是海军和新征集的民兵。

牛岛司令官自知大势已去，把作战的一切指挥权交给长勇参谋长和八原博通高级参谋等人。

171

　　长勇是法西斯少壮派军人的中坚分子，日本历次政变的策动都与他有关，平素极尽飞扬跋扈之能事。到了此时，除了蛮横虐待老百姓以外，在作战上再也拿不出好办法来。最后采用八原的意见，决定把8万余人分布在地下洞窟阵地内，专门防守，以冲绳南部陡峭山冈和狭窄山谷的天然屏障为阵地，安置了相互支援的炮位。

　　同时，修筑大量地堡、洞穴、碉堡和其他火力点，以堑壕和坑道贯穿联结，尽量打持久战，使盟军遭受损失，并以此拖住盟军，延缓盟军进攻日本

🔻 美军战舰和飞机

第二次
世界大战
太平洋战事

本土的时间。

　　日本海军在冲绳作战以前早已大部被歼，根本没有和盟军进行海战的力量。虽然如此，他们仍然把仅有的自认为是精锐的力量拿出来孤注一掷。

　　3月20日，日本联合舰队司令长官丰田副武海军大将向部下传达了作战计划，预定以空军作战为重点，集中航空战斗力，击溃前来进击的盟军主力。这次作战称为"天号作战"。

　　这个"天号作战"是根据1945年1月20日拟订的陆海军共同作战计划决

定的：计划在日本本土外围地带进行持久战，利用这个空隙时间，做好本土决战的准备。本土决战的代号为"决号作战"。

这时的日军虽有联合舰队之名，已无联合舰队之实。基地航空部队有一半是由练习机改装的"特攻机"，即"肉弹飞机"。水中水上的特攻部队大部分是小型潜水艇。联合舰队把最后一线希望寄托在第二舰队上。这个舰队尚有巨型战列舰"大和号"和轻巡洋舰"矢矧号"以及8艘驱逐舰。

日军战力薄弱，便使用最残酷的手段驱使人民去送死。日军让冲绳岛上的居民，除老人幼童外都要编成防卫队或义勇队参加战斗，让全部陆军战斗到最后一兵一卒，让"特攻队员"驾驶飞机或潜水艇带炸弹硬往对方军舰上撞，确实是惨绝人寰。

按日军决策人的主观设想，如果每一架特攻机能够击毁一艘盟军舰船，便有可能把1500余艘号称世界最强的美机动舰队和运输船团全部消灭。所以在冲绳的两个月激战中，共有海陆军的航空特攻队2500架飞机集结在冲绳，发动了10多次航空总攻击，战死陆军特攻队员1000余人、海军特攻队员近1500人。

另外，日本海军在冲绳岛及其附近岛屿部署有数百艘自杀摩托艇和人操鱼雷，将对美军实施水面和水下的特攻作战。而联合舰队的残余军舰也将在适当时机出动，做最后的决死攻击。

连海军舰队也组织"特攻队"。号称世界无双的巨型战列舰"大和号"以下10艘军舰不讲什么战术，一味抱着有去无回的决心，和冲绳的盟军主力舰队硬拼，以致成为美机的饕餮美味，白白被击沉！

"特攻战术"是冲绳战役的一大特点，这种毫无人性的作战指挥是古今中外战史上没有过的。

第二次
世界大战
太平洋战事

日军实施自杀式
"菊水特攻"

美军将冲绳登陆日期确定为1945年4月1日。

尼米兹认为，冲绳岛距离日本本土较近，登陆该岛必定会遇到日军航空兵的全力反击，尤其是自杀飞机的拼死撞击，尽管这些自杀飞机并不足以改变战役的最后结局，但不可否认它们对于美军的威胁是巨大的。

因此，美军计划在登陆之前，先以航空兵力对日本本土、琉球群岛等地的日军航空基地进行大规模突击，尽可能削弱其航空兵的力量。

同时，在登陆前一周，以陆军第七十七师在庆良间列岛登陆，建立前进基地，以便在战役中就近进行后勤补给和战损抢修。

从3月9日开始，为提高对日本军事工业的轰炸效果，第二十一航空队司令李梅少将把原来采取的白天高空精确轰炸战术改为夜间低空轰炸，并拆除了Ｂ-29轰炸机上除尾炮以外所有机载武器，这样就使Ｂ-29的载弹量增至7吨，而且全部使用燃烧弹。

这一战术史称"李梅赌注"或"李梅火攻"。

当晚，334架Ｂ-29在东京投下了近2000吨燃烧弹，将东京42平方公里的城区化为一片废墟，建筑物被毁25万幢，100余万人无家可归，破坏程度不亚于原子弹。随后，又以同样战术组织了对名古屋、大阪、神户等城市的大规模轰炸。

至3月19日，共出动Ｂ-29约1600架次，投掷燃烧弹近1000吨，迫使日军将这些城市的飞机制造厂进行了疏散，从而大大降低了其飞机产量。

3月27日和31日，根据尼米兹的要求，第二十一航空队转而轰炸日军在九

州的各机场。轰炸严重破坏了这些机场的设施，使日本在九州地区的航空兵几乎瘫痪。同一时间里，美军组织的攻势布雷又将下关海峡彻底封锁。

美战略空军的上述活动，严重阻碍了日军海空军对冲绳岛的增援，为冲绳战役的进行创造了极为有利的条件。

为了彻底消除来自日本本土的空中威胁，美军第五舰队的主力航母编队第五十八特混编队，经10天的短暂休整后，于3月14日由编队司令米切尔指挥从乌利西基地出发，前往攻击日本本土。第五舰队司令斯普鲁恩斯以"印第安纳波利斯号"重巡洋舰为旗舰，随同编队行动。

3月18日，第五十八特混编队到达距九州东南约90海里处，并从凌晨开始即出动舰载机对九州各机场进行突击。日本海军第五航空舰队司令宇垣缠海军中将虽然接到待美军登陆编队出现时再出击的命令，但他认为如果此时不进行反击，任凭美军轰炸的话，他的航空兵力都将被消灭在地面上，因此下令出击。

美军航母上的对空作战

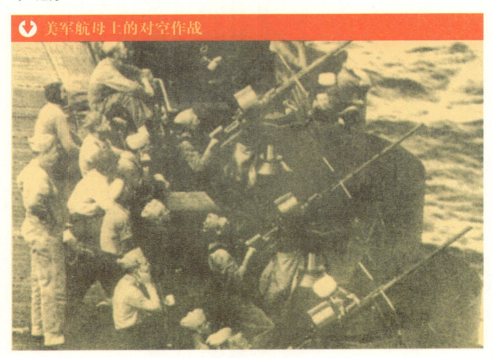

双方的飞机在空中交错而过。美军飞机在九州上空只遭到了轻微抵抗，但因机场上基本没有飞机，所以战果很小。

在美军攻击日军机场的同时，193架日机也对美军舰队发起了攻击。"企业号"航母中弹一枚；一架日军自杀机在"勇猛号"航母舷侧被击中爆炸，碎片落到航母的机库甲板，引起大火，舰上水兵死两人，伤43人；"约克城号"航母也被击伤，舰体被炸开两个缺口，水兵死5人，伤26人。所幸，3舰伤势都还不重，而193架日机则损失了161架。

3月19日，第五十八特混编队又出动了近千架舰载机对吴港、大阪和神户的飞机制造厂和九州、四国等地的机场进行轰炸。

在18日、19日两天的突击中，美军在空中和地面上共消灭日机528架，炸沉炸伤日舰22艘，并对九州地区的飞机制造厂和航空基地造成了较大的破坏，使九州地区的日军航空兵在此后的两周时间里无力组织大规模行动。美军损失舰载机116架，有1艘航母遭到重创，4艘航母和1艘驱逐舰被击伤。

在日军第五航空舰队的反击中，美军的"大黄蜂号"舰母中弹数枚，燃起大火，损管人员拼死搏斗，才将大火扑灭，舰员死101人，伤269人。

但更大的灾难还在后面。7时许，"富兰克林号"舰母正在组织舰载机起飞，一架日军的"彗星"轰炸机借助云层掩护，突然俯冲而下，在30米高度投下两枚重250公斤炸弹，一枚在机库板爆炸，另一枚落在舰尾，穿透两层甲板在军官舱附近爆炸。

在机库爆炸的炸弹危害特别严重，因为航母正在组织舰载机起飞，机库里全是加满油、挂满炸弹的飞机，炸弹爆炸后立即引起了可怕的连续爆炸。

火势迅速蔓延，爆炸此起彼伏，大火引起的浓烟直冲云天，航母上几十架飞机都被炸毁，甲板上遍布飞机残骸，上层建筑面目全非满是弹洞，舰员伤亡已经多达数百人。

爆炸和大火持续不断，并逐渐波及机舱和后甲板的弹药堆，引起了更大的爆炸，烟柱高达600米。

"富兰克林号"所在的第二大队司令戴维森海军少将见航母伤势严重，

通知舰长盖尔斯上校下令弃舰。

但盖尔斯认为只要提供必要的海空支援和掩护，还能挽救"富兰克林号"。

戴维森同意了他的计划，立即调动第二大队的其他军舰前来救援。"圣菲号"轻巡洋舰用钢缆拖住"富兰克林号"以阻止其倾覆沉没，同时接走部分受伤舰员。

舰长盖尔斯首先下令向弹药舱注水，以避免更大的爆炸，但注水后航母开始右倾。9时30分，"富兰克林号"的锅炉停止了工作，舰体右倾加剧，右侧甲板几乎碰到了海面。"圣菲号"眼看无力控制其倾斜，担心被航母巨大的舰体拖翻，只得砍断钢缆，放弃救助。

"匹兹堡号"重巡洋舰接着赶来，布置钢缆阻止"富兰克林号"倾斜，经过不懈的努力，终于制止了航母的倾斜，"圣菲号"再度靠近航母，将钢缆系上航母的前主炮，协同"匹兹堡号"一起矫正航母的倾斜。

航母上的官兵在舰长的指挥下全力抢救，尽管零星爆炸还不时发生，火势还很猛，但倾覆的危险总算被解除了。第二大队的5艘驱逐舰在航母四周一边搭救落水舰员，一边为航母提供掩护。

由于航母所在海域距离日军航空基地还不足100海里，日机空袭的危险随时存在。因此，抢救工作非常急迫。航母上很多舰员在极其危险的情况下，表现出了非凡的勇敢和崇高的互助精神。

水兵唐纳德·加里和300余水兵被困在第五层甲板下的一个舱室里，在与外界联系全部中断的情况下，加里独自一人冒着呛人的浓烟，从一个狭窄的通风道找到了逃生的道路。他随即返回舱室，带领同伴逃生，总共往返3次将300余人全部带出了绝境。

舰上的牧师约瑟夫·卡拉汉不顾四下横飞的弹片，在飞行甲板上安慰伤员，并为死去的官兵进行简短的祈祷，最后还加入了灭火工作，他的行动感染、鼓舞了很多人。

遭到如此重创的"富兰克林号"在全体官兵和第一、二大队友舰的大力

支援下，经数小时的拼搏，竟然奇迹般地扑灭了大火。

在这场灾难中，"富兰克林号"共有724人死亡，265人受伤。后在"匹兹堡号"的拖曳下，回到了乌利西基地。经短时间抢修后，恢复了航行能力，在"圣菲号"巡洋舰的护送下于4月28日返回了美国本土的布鲁克林海军基地。

"富兰克林号"是太平洋战争中受创最重却没有沉没的航母，该舰的抢救经验，对战后航母的舰体设计和管道系统配置具有极大的指导作用。

在冲绳战役前，英国决定派出太平洋舰队的航母编队参加冲绳战役。这支航母编队被美国第五舰队授予第五十七特混编队的番号，由英国太平洋舰队副司令罗林斯海军中将指挥，在第五舰队司令斯普鲁恩斯的统一指挥下作战。

3月16日，第五十七特混编队从马努斯岛出发，20日抵达乌利西基地，进行补给和短暂休整。

3月23日，从乌利西起航，向先岛群岛航行。

美军"富兰克林号"航空母舰在冲绳岛附近中弹搁浅 ⌄

3月26日拂晓，到达先岛群岛主岛宫古岛以南100海里处。随即，出动舰载机对岛上机场实施突击，经过数天空袭，给予日军在这一地区的航空兵力和机场设施严重损失。

至此，在美军登陆编队到达冲绳岛海域之前，第五十八和第五十七特混编队就已经有效地削弱了日军在冲绳群岛北南两个方向的航空兵力，进一步孤立了冲绳岛守军。

在冲绳岛西南，距那霸约15海里处是由10余个岛屿组成的庆良间列岛。这些岛屿坐落于长约13海里宽约7海里的海域，岛屿上都是悬崖峭壁、礁石林立。

3月17日，为登陆担任护航和支援的第五十二特混编队司令布兰迪海军少将、第五十一特混编队司令基兰海军少将、陆军第七十七师师长布鲁斯陆军少将和水下爆破大队大队长汉隆海军上校一起制订了庆良间列岛登陆计划。

根据空中侦察，发现日军在庆良间列岛的防御非常薄弱，他们遂改变了特纳将军原先计划以一个加强营的兵力逐个攻取的设想，决定以第七十七师为主力在6个较大的岛屿同时实施登陆，力争一举夺取庆良间列岛。

3月23日，布兰迪海军少将指挥由18艘护航航母、15艘驱逐舰、19艘护卫舰、70艘扫雷舰以及一些炮艇、猎潜艇等小型舰艇组成的第五十二特混编队，开始对接近冲绳岛的航道进行扫雷，护航航母则出动舰载机对冲绳岛、庆良间列岛的日军进行轰炸，以掩护扫雷行动。

3月25日，编队中的两艘巡洋舰和3艘驱逐舰对庆良间列岛实施预先火力准备，同时掩护水下爆破大队侦察各岛屿登陆地点的海滩情况。

3月26日凌晨，第五十一特混编队第一大队的11艘战列舰、11艘巡洋舰、24艘驱逐舰和8艘护卫舰对冲绳岛实施炮火准备，以吸引日军的注意力，掩护在庆良间列岛的登陆。

4时30分，编队开始对庆良间列岛实施登陆前的炮火准备；7时许，第七十七师由430余艘登陆舰艇运送，兵分4路，在海空火力支援下，同时在坐间味岛、阿嘉岛、庆留间岛和外地岛登陆。日军的防御兵力薄弱，无力进行

有效的抵抗。至黄昏时分，美军已占领上述4岛，并开始在庆良间海峡布设浮标等锚地设施。

入夜后，日军以自杀飞机和自杀艇对登陆美军进行了"特攻"袭击。虽然给美军造成了一些损失，但对整个战斗没有产生多大影响。

3月27日，美军向其余岛屿发动进攻，很快就占领了整个庆良间列岛。日军没有想到美军会进攻这个群岛，所以被打了个措手不及。

随着战争的发展，日军必胜的信念早已破灭，士气非常低落，与战争初期根本无法同日而语。在此次战斗中，主岛渡嘉敷岛上300多守军几乎不战而逃，退到岛上的山中。

美军只是想夺取一个锚地，并不在意这些日军残部，因此没有组织清剿。而这些日军尽管还有火炮等重武器，但因惧怕美军的报复，不仅没有主动出击，甚至连火炮都没发一枚，与美军"和平相处"，直至战争结束。这在以前是无法想象的，日军的士气之低，由此可见一斑。

当天，美军的供应舰、油船、修理船、补给舰等后勤辅助舰只就陆续进入庆良间列岛，很快在此建立起补给和维修基地。

至31日，庆良间锚地已经成为一个初具规模的前进基地，在冲绳战役期间发挥了巨大作用。

美军占领庆良间列岛还有一个意外收获，那就是俘获了日军配置在该地的250余艘自杀摩托艇和100余枚人操鱼雷。原来，庆良间列岛是日军的自杀艇基地，日军原准备美军在冲绳岛登陆时用这些自杀艇进行夜间"特攻"。

美军攻占庆良间列岛的行动，挫败了日军拟用自杀艇攻击美国舰队的企图，为冲绳战役的成功奠定了基础。

在庆良间列岛战斗中，日军守备部队死亡530人，被俘120人。美军第七十七师的登陆部队阵亡31人，伤81人；护航和支援的海军阵亡和失踪124人，伤230人。

3月31日，美军第七十七师又占领了庆良间列岛与冲绳岛之间的庆伊濑岛，由2个155毫米炮兵营组成的野战炮兵集群迅速上岛，建立阵地，以便支

援从次日开始的冲绳岛登陆战。

事实上，美军对冲绳岛的炮火准备从3月26日就已经开始了。

3月26日午时，第五十一特混编队第一大队开始炮击冲绳岛。天亮后，美军第五十八特混编队的航母舰载机和第五十二特混编队第一大队的护航航母舰载机，以及从马里亚纳、菲律宾甚至中国大陆基地起飞的陆军航空兵也对冲绳岛进行了持续而猛烈的轰炸。

参加轰炸的飞机数量多，任务也各不相同，有的对日军机场进行压制性轰炸，有的轰炸日军防御工事，有的为舰炮火力进行校正，有的担负空中警戒，有的进行反潜巡逻。

为了有效地进行组织协调，美军专门成立了由帕克海军上校为队长的空中支援控制分队，对所有参战飞机进行统一指挥和协调。

3月29日，因为美军扫雷舰已经将接近冲绳岛航道中的水雷清扫干净，所

军舰发起攻击

以战列舰、巡洋舰能够驶到距冲绳岛很近的距离，进行精确射击。

至3月30日，美军的火力准备已经进行了足足5天，而日军的反应令人诧异至极——没有任何还击！要知道在冲绳岛上有着10万日军，现在却好像完全不存在一样，这让美军感到非常奇怪。

在登陆前的一周里，美军炮火准备消耗了大量的弹药，仅舰炮就达40000余发，其中406毫米炮弹1000余发、356毫米炮弹3000余发、203毫米炮弹近4000发、152毫米炮弹4500余发、127毫米炮弹27000余发。日军龟缩在纵深坑道工事中，因此轰炸的效果并不理想。

4月1日，美军的登陆终于开始了。来自旧金山、西雅图、夏威夷、新喀里多尼亚岛、圣埃斯皮里图岛、瓜岛、塞班岛和莱特岛等地的美军登陆编队于拂晓时分到达冲绳岛海域，并开始换乘。

4时许，特纳发出"开始登陆"的命令，美军炮火支援编队的军舰随即开始射击，掩护登陆部队抢滩上陆。

陆战第二师首先在冲绳岛东南海岸登陆，实施佯动，以吸引日军的注意，分散日军的兵力，为真正的登陆创造有利条件。

8时许，美军登陆的主攻部队已从登陆舰下到登陆艇上，登陆艇排成5个攻击波，以整齐的队形向岸上冲去。陆战第一师、陆战第六师和陆军第七师、第九十六师，在冲绳岛西海岸从北到南正面约9公里的地段登陆。

8时32分，第一波登陆部队冲上岸。

9时，太阳升起来了，阳光驱散了淡淡的晨雾，可以看到海面上履带登陆车和登陆艇排着整齐的队形，一波又一波，川流不息，秩序井然。整个登陆过程，顺利得异乎寻常，日军根本没有任何抵抗，使美军颇有些莫名其妙。

10时，美军占领嘉手纳和读谷两机场。美军原以为必定会有一番血战才能拿下这两个机场，根本没料到能在登陆当天就拿下了，而且机场设施都完好无损。

本来，日军牛岛计划在放弃前将机场设施全数摧毁，使美军无法使用。但日军部署在机场地区的是由冲绳岛壮丁组成的特种勤务旅，这支部队组织

涣散，装备低劣，士气更差，美军还未到来，就已经溃不成军，哪里还记得破坏机场？他们的失职让美军得了个大便宜。

下午，美军突击进行物资卸载。海上，日军没有出动一架飞机、一艘军舰；冲绳岛上，日军也只有少数狙击兵的轻武器射击和迫击炮零星射击，抵抗极其轻微。

至日落时分，美军已有50000余人和大量的火炮、坦克以及军需物资上岸，建立起正面的14公里、纵深约5公里的登陆场。

特纳向斯普鲁恩斯和尼米兹报告：登陆顺利，抵抗轻微。

美军上至特纳、下到普通士兵都对日军的神秘消失感到迷惑不解。而且巧得很，这天正是西方的愚人节，很多官兵甚至在想：难道这是日军的愚人节玩笑？

4月2日，部分美军开始向东推进，以切断日军防线。

4月4日，美军两个陆战师横跨整个岛屿到达东海岸的中城湾，占领岛的中部地区，将日军防线一分为二。美军原计划15天完成的任务，仅4天就顺利实现。

原来，日本人在战前即决定采取允许美军"充分登陆，将其诱至得不到海空军火力掩护和支援的地方，再一举歼灭登陆部队"的方针，所以在美军登陆时，日军基本上是按兵不动。

4月5日，丰田副武觉得面对美军数千艘舰船，少量飞机的出击根本无济于事。为配合岛上的抗登陆作战，决定从次日开始对美军在冲绳海域的舰艇实施大规模空中攻击，投入海军岸基航空兵的第一、第三、第五和第十航空舰队和陆军第八飞行师团和第六航空军，飞机总数达4000架，作战代号为"菊水"。"菊水"就是水中的菊花，是日本14世纪著名武士楠木正成的纹章图案。楠木在众寡悬殊的战斗中立下"七生报国"的誓言，意为即使死去7次也要转生尽忠。他因在战斗中与敌同归于尽的壮举，而备受日本人推崇。

此次特攻以"菊水"为代号，就可看出日军的目的，他们显然是以自杀性的特攻作战为主。所谓"特攻"，则是指出击的飞机只携带单程燃料。

第二次
世界大战
太平洋战事

而将空余的载重量全部携带炸弹，对敌方军舰的要害部位进行撞击，以达到"一机换一舰"的目的。

这种自杀性特攻在珍珠港事件、比阿克登陆战和莱特湾海战中均出现过，只不过那时日军称之为"神风特攻"。而这一次他们希望士兵像楠木一样以死报国，所以取楠木的菊水图章来命名此次特攻。

另外，日军为了坚定特攻队员们的誓死不回的决心，还采取了一个"绝招儿"：对飞机的起落架进行技术处理，使其一经起飞后起落架即自行脱落。这样，飞机在任何地方也不能着陆，飞行员别无生路，只剩下拼死搏杀、机毁人亡了。

4月6日傍晚，日本人开始了冲绳战役中10次"菊水特攻"中规模最大的第一次"菊水1号"作战。这是一个阴云密布的日子，只见355名身裹白绫、头系白巾的青年飞行员，面对正北方日本皇宫的方向，振臂对天皇发誓："我们七世尽忠，报效天皇，宁可玉碎，绝不瓦全。生而是皇军，死后成军神，武运长久，决战决胜！……万岁！"

香火缭绕，哀乐齐奏，特攻队员们饮下最后一杯绝命酒。"出击！"一声令下，队员们神情严肃而又麻木地登上驾驶舱，发动引擎，绝尘而去。

一场日本人蓄谋已久的残酷恐怖的航空兵与水面舰艇之战——"菊水特攻"开始了。日军企图以大批自杀机首先摧毁美舰队及登陆舰群，然后再由守岛日军大举反击，将美军赶下大海。

经过近一个小时的飞行，在到达冲绳海域时，355架自杀飞机和344架轰炸机组成的庞大机群立即攻击了美国人在冲绳岛和海上的目标。只见自杀机群在空中排成一字队形，特攻队员们抱着"玉碎"的信念，瞪大眼睛，像中了魔似的，冒着美舰上猛烈的高射炮火，纷纷向美舰直撞过去。

美航空母舰上的全部战斗机一起升空迎战，所有防空兵器也全部开火。日军攻击机不是一架架，而是一层层地坠落。

只见天空中到处是金蛇狂舞，海面上到处漂浮着日机的残骸。然而，仍有为数不少的自杀飞机拼死突破美军严密的火力网，有的撞击美战舰，有的

撞击美运输船，有的甚至直接撞击美军在冲绳岛上的滩头阵地。

这种近乎歇斯底里的"集体自杀"举动，使美国人惊恐万分。不一会儿，就有19艘舰船被撞毁，刚刚建起的滩头阵地也面目全非。

日本自杀飞机规模之宏大，来势之凶猛，攻击之疯狂，破坏之惨烈，令美军简直束手无策，甚至连意志坚强的斯普鲁恩斯也心有余悸地向尼米兹报告：如果日本人继续进行自杀攻击，将会出现严重情况。

对美国人来说，此时战局确实危急万分，因为这仅仅是10次"菊水特攻"中的第一次！

"菊水特攻"取得的初步成功，使日本当局十分振奋。他们一方面大力宣扬特攻队员这种为天皇效忠的自我牺牲精神；另一方面继续扩大特攻队伍，并频繁加以使用。

4月11日下午13时20分，日本人又发起了"菊水2号"作战，这次共出动202架自杀飞机和190架轰炸机。

这次特攻行动的主要目标是米切尔的第五十八特混舰队。14时整，一架架特攻飞机冒着失速坠海的危险，超低空穿过密集的弹雨，向美"企业号"航空母舰冲来。

该舰几乎动员了舰上所有火器对空射击，然而一架特攻机还是掠过"企业号"右后方的舰舷，撞在舰首下部，机身碎片飞到飞行甲板上，使停在甲板上的一架挂好炸弹的飞机起火爆炸，并在舰上引起大火。

这时，美"恶妇式"舰载战斗机参加了拦截特攻飞机的战斗，那些没有任何自卫武器的特攻机简直成了美国飞行员的靶机。在空中和舰炮火力的双重夹击下，先后有10多架中弹坠海。

但美军仍然是防不胜防。这时又有两架自杀机摇摇摆摆地突破美军的阻击，迅速逼近"密苏里号"战列舰，其中一架飞机突然中弹失速一头扎进大海，另一架则拖着浓烟撞穿了"密苏里号"的甲板。

此外，在冲绳海面上，美第五十八特混舰队的多艘战舰都不同程度地遭到了日自杀飞机的攻击。日方宣称，击沉美各类舰船49艘。而日机损失也很

惨重，被击落312架飞机。

日军飞行员们的疯狂自杀行为使美国人不寒而栗，布朗海军中将后来说：

> 眼睁睁地看着一架飞机不顾死活地向你的战舰撞来，驾驶员决心与你一起炸得粉身碎骨，这真是使人周身血液都凝固了……
>
> 随着一架架"神风"冲将下来，我们一个个魂飞魄散，好像目击某种惨相那样。顷刻间，我们忘掉了自己，忘掉了自己是受害者，不由自主地猜测从高空飞来的那些人到底是怎么想的。

"菊水2号"作战行动所取得的成功，更加激发了日本人进行特攻决战的决心。

被击中的飞机 ❤

4月16日上午7时20分，日本人又出动196架特攻机和200架轰炸机，在102架战斗机的掩护下，发起了"菊水3号"作战。在米切尔的舰队上空，几乎全是黑压压的日机。只见不畏死神的日本自杀攻击机和凌空而下的重磅炸弹在辽阔的冲绳海空似群魔乱舞，给美军以极大威胁。

9时11分，两架自杀机突然从低沉的云层中窜出，直冲"勇猛号"航空母舰。"勇猛号"躲闪不及，被撞中飞行甲板，飞行甲板被炸开一个大窟窿，舰面上火苗乱窜。

这时，又有一架自杀机从"勇猛号"舰尾方向以大冲角进入，然后垂直俯冲，穿入飞行甲板。飞机和炸弹在甲板底部爆炸，碎片四射，造成大批人员死伤，燃起的大火从舰首一直烧到舰尾，并在甲板之间同时燃烧，甲板上没来得及起飞的飞机也都成了一团团大火球。

"埃伯尔号"巡洋舰在80分钟的时间里，遭受了22架自杀机的攻击，总计有6架日机直接撞中该舰。有一架自杀机率先突破密集的弹幕，拖着一条长长的黑烟带，向"埃伯尔号"冲来，撞在舰首位置，炸开一条大裂口。此后，虽然"埃伯尔号"奋力还击，击落了多架日自杀机，但在一批接一批日自杀机的连续猛攻下，主舵机被炸坏，舰体几乎被炸成了两截，最后在舰上人员的惊叫声中一头扎入了大海。

"摩里森号"驱逐舰在遭到两架自杀飞机直接撞击后，又有两架用木材和帆布制造的老式双浮筒双翼自杀攻击机对该舰实施了致命的一击。其中一架撞在舰炮上，使弹药库发生大爆炸；另一架被美高炮击中，降落在驱逐舰的航迹上，但驾驶该机的特攻队员并不死心，仍然循着驱逐舰的航迹滑行，接着又猛拉机头，一下子撞在"摩里森号"的尾炮塔上，引起了更大的爆炸。在受到这两次撞击后仅几分钟，"摩里森号"便舰首翘起，逐渐下沉……

面对日机的自杀性进攻，美军逐步摸索出了对付的方法：派出雷达警戒舰和预警雷达飞机，严密监视日军最可能出击的方向，还在冲绳岛和附近小岛上建立雷达站，实施严密对空警戒。

运用统筹学原理，科学组织舰船的防空机动，大型军舰与日机来袭方向保持垂直，小型军舰则与日机攻击航向平行，采取突然急转和增速，使日机难以对准目标；同时加强战斗机空中巡逻警戒，随时根据雷达预警的报告，进行拦截。

而日军的情况正好相反，因为进行自杀攻击的飞行员没有一个能够回来报告攻击经验和体会，因此无法针对美军的战术变化进行必要的改进。

此外，美国人为了有效地制止日军自杀攻击行为，开始实施一种"将'鼠群'捣死在它们'老巢'里"的方法：出动大批舰载机，连续轰炸日军机场，争取斩草除根，在日机起飞前将其彻底摧毁，使许多自杀飞机还没来得及起飞便被摧毁在自己的窝巢里。

最初的以献身为荣、毫不畏死的特攻队飞行员已经损失殆尽，后来的飞行员大多是迫于压力而参与特攻的。在日军内部，认为这种牺牲没有意义的厌战情绪逐渐蔓延，甚至有些飞行员以没有发现美舰为借口返回了基地。最终，日军的特攻效果越来越小，因飞机和飞行员损失后得不到及时补充，能够出动的飞机越来越少，特攻的规模也就越来越小了。

此后，日本人虽然又发动了一些"菊水"特攻和频繁地小规模攻击，但战果甚微。

"大和号"战列舰
葬身海底

就在日军自杀飞机猛烈攻击美国军舰的同时，象征着日本武士道精神的"大和号"战列舰也踏上了一去不复返的特攻征途。

　　帝国命运确实在此一战。卑职已号召组织一支海上特攻部队，以壮烈无比之英勇投入作战，以此一举振我帝国海军声威，发扬帝国海军海面战斗之光辉传统、荣光后世。

　　各部队，不论是否是特攻部队，都要下定决心殊死奋战，彻底消灭敌舰队，为帝国奠定永恒基础。

1945年4月6日，联合舰队司令长官丰田大将在九州鹿屋海军基地向联合舰队下达了这份著名的"特攻"作战令。

给第二舰队司令伊藤下达的命令是：

　　以"大和号"为中心组成特攻舰队，拼死猛进，协助日本陆军和空军，歼灭冲绳岛附近的美国护航运输队和特混舰队。

　　然后，在冲绳海面突破美海军的封锁后，搁浅自己的战舰，以此为阵地，用舰上的巨炮与美国人展开一场短兵相接的厮杀。

这是世界海战史上空前绝后的"特攻"作战。整个"特攻"舰队的每艘军舰只有刚够单程航行的燃料，所以每个人都知道这是一次自杀攻击，此去

必死无疑。

"大和号"1937年动工，1941年年底建成下水。没有赶上袭击珍珠港，却参加了中途岛海战。它舰长263米，排水量达64000吨，装有9门46厘米口径的巨炮。

这些数字都创造了世界造舰史之最，当年震惊西方海军界的德国"俾斯麦号"与它比也只是"小巫见大巫"。一发炮弹重达1.5吨，在炮筒里壮汉可以自由地爬进爬出。舷侧钢甲厚近半米，被称为"永不沉没的大和"。

在日本，"大和号"既是军舰，又是民族的象征，这艘舰象征着日本的民族之魂，服役后一直是联合舰队的旗舰。从理论上说，没有一艘美舰是它的对手。

如果让它闯进冲绳近海，那些美舰艇根本经不起它的一发炮弹。因此，当"大和号"还停在军港整修时，美机就盯上了它。然而，冲绳开战后它却突然失踪了。

为什么一定要把"大和号"送到太平洋让美军击沉呢？不但和"大和号"一起死去的3000名海军官兵不明白，甚至连当时发出命令的联合舰队司令长官丰田副武自己也不明白。

战后，丰田副武写了一本《最后的帝国海军》一书，诉说他当时的心境：

> 没有制空权的水上舰艇，它的命运如何是不问可知的。"大和号"的自杀性攻击行动连一半的成功希望都没有，这在当时是非常清楚的。明明知道但还要挺着干，这种无谋的事情，就是战败末期的悲剧。
>
> 战后，舆论界和史学界的评论都责难这次作战的荒谬。我只有回答当时不得不如此，此外再没有什么可以辩解的。
>
> 只有一点可以说的，就是当裁断非此不可的时候，我的苦恼，比前一年莱特湾海战命令全军突击的时候更甚，这是事实。

191

正在射击的战舰

对这样连幼童都干不出来的愚蠢荒谬举动，当时大本营海军首脑之一的宇垣缠心中也很不平静。在听到"大和号"被击沉的消息以后，他非常后悔。

为了鼓舞日军士气反而造成悲惨的后果，这不是毫无收益的无谋之举是什么？

他在这一天的日记里记叙说：发生这种荒诞事情的根本原因，完全由于偶然的心血来潮。他写道：

> 发生这个事态的根本原因，是由于军令部总长向天皇上奏时，天皇问总攻击是否单独由航空部队去干，总长说不是，海军也把全部兵力拿出来。对于运筹帷幄而言，总长辅弼的责任确实不轻。

从这个记载不难看出，军令部总长在天皇面前夸了口，一语既出不能挽回，为了顾全面子，便不加思索地决定了3000人的命运，把海军的家底一次丢光。用丰田副武的话来说，就是要破罐子破摔。日语的原话是：喝了毒药连盘子也要舔干净。

开战不久，斯普鲁恩斯在他的旗舰"新墨西哥号"上收到了关于发现"大和号"的电报。随后，冲绳海面的各型军舰都展开了紧急部署，分散的舰群集中起来，运送弹药、油料的支援舰只穿梭其间，进行快速补给。可是，"大和号"很快又失踪了。

原来，伊藤命令舰队驶出丰后水道后，沿九州东海岸南下，然后经大隅海峡西去，进入了中国东海。

他知道，径直南下，必躲不过美国人的眼睛。"大和号"的希望在奇袭，在东海绕一个大弯，或许可以掩人耳目。

斯普鲁恩斯指示海上的潜艇和巡逻机扩大搜索范围。

4月7日早上，"埃塞克斯号"航空母舰上起飞的一架飞机报告：目标重

新出现，在鹿儿岛以西海域。

当时，米切尔舰队正好位于冲绳岛西北海域。"大和号"费尽心机想避开美军，万没想到转了个大弯后，恰恰投入米切尔的怀抱。

上午11时，米切尔利用赋予他的临场机动权，命令第一波飞机紧急起飞。随后，他给斯普鲁恩斯发去一份电报："我已起飞了。你攻还是我攻，请速决断！"

水上的军舰再快也赶不上飞机，斯普鲁恩斯当即决定："你攻！但必须干得彻底！"

11时30分，设在冲绳以北一个小岛上的日军观察站看到，200多架美机遮天蔽日，向北飞去。伊藤舰队的各艘舰上警铃大作，炮手就位，大小口径的高射炮都抬起了头。

午夜时分，位于"大和号"舰阵最前端的"矢矧号"首先发现来袭的飞机，它迅即向"大和号"通报。

在美机就要飞临舰上空时，意想不到的事情发生了：乌云突然遮住了高空，海面上变成漆黑一片，天上的飞机和海面上的军舰被云隔了开来。炮手们欢呼雀跃。

但好景不长，10分钟后，乌云就过去了，候在高空的飞机盘旋着扑了下来。舰上的高炮齐鸣，在舰阵上空织成一张火网。但是，美军决心要消灭"大和号"这个心腹之患。鱼雷机和俯冲轰炸机纷纷突破日军的火网。鱼雷机飞到舰群贴近海面的侧方，投下一枚枚鱼雷；俯冲轰炸机则直扑日舰，炸弹从上方雨点般地落下。然后，它们快速拉起，消逝在远空中。

日舰既要对空射击，又要躲开空中的炸弹和海中鱼雷，一时间乱了阵脚。"矢矧号"首先受创，在海面上直打转。

"大和号"在它后面2海里的地方也被击中，甲板上歪七扭八地躺着一大堆炮手的尸体，后部的雷达室被炸毁，8个操纵手连完整的尸体都没有留下。它的左舷中了一枚鱼雷，但厚厚的装甲保护了它，使它仍能以20节的速度向冲绳前进。

在"大和号"的指挥舱内，伊藤表情漠然地伫立在旁边，看着舰长有贺幸作手忙脚乱地指挥作战。第二、第三波攻击接踵而至，每波都有近150架飞机。

米切尔的3个航母突击群、16艘航空母舰的攻击机几乎全部出动。他也站在自己的旗舰"莱克星顿号"上，但他是信心百倍地目送着一批批战鹰远去，又一批批把它们收回来。

舰上的升降机一刻不停地运转并把归来的飞机送入底舱加油装弹，把准备好的飞机从舱底送上舱面，进行再次出击。

"大和号"周围的海面上，鱼雷像洁白的剑鱼一样横冲直闯。有贺幸作指挥着庞大的军舰作Z形机动，然而躲了这个躲不过那个，不断有鱼雷击中"大和号"，周围护航的驱逐舰也有几艘受伤，但它们仍紧跟着"大和号"，试图用自己的舰身为"大和号"挡住鱼雷，但收效不大。

美机中也有中弹起火的，但即便中弹了他们也力争把鱼雷和炸弹投放下来，其勇猛之态不亚于冲绳海域的日本特攻机。

"大和号"连续中了8枚鱼雷，甲板上中了多少炸弹已不可计数。有贺和伊藤在指挥舱中看到倾斜器的指针已经指向18度，左侧的舱室不断传来进水报告。

"快，右舱室注水，恢复平衡！"有贺抓过通往右舱室的话筒，高声命令着。这是唯一的挽救办法，舰体倾斜到一定程度，就会翻沉。右舷轮机舱的水手匆忙打开注水开关。但这时右舷也被鱼雷击中，大量的海水突涌而进，100多名水兵来不及撤出，竟被淹在舱内。

鱼雷仍在不断地命中"大和号"，舰体倾斜已经达到30度。左舷中板已贴近水面，恢复平衡已经无望。有贺决定弃舰。但在弃舰前，他还必须完成一个动作："转左舵，舰首向北！"

因为按日本民间习俗，死者应该头向北。"大和号"也应该这样。再说，北方就是日本列岛的所在，是日本人心目中"太阳升起的地方"！"大和号"竭尽仅剩的一点动力扭动着笨重的躯体，但只转到一半，就再也转不动了。

195

　　有贺请伊藤长官离舰，伊藤拒绝了。他站在倾斜的司令舱门口，尽力保持着身体的平衡。他握了握副官的手，反身把自己关在舱里。

　　有贺也为自己安排好了结局，他怕万一自沉不成被抓去当战俘，就让一个士兵找来一根绳子，把自己绑在罗盘仪上。他的副官则拔出指挥刀，准备切腹。

　　有贺一脚把他踢翻，狂暴地大叫："年轻人要活下去效忠天皇，快跳海！"成群的士兵，有的穿着救生衣，有的抱着一块木块，匆忙奔向大海。

　　"矢矧号"已经沉没、护卫的8艘驱逐舰4艘沉没、其余也均受创。下午14时25分，"大和号"终于横倒在海面上，主桅杆上的太阳旗也落入水中。弹药舱中特制的1170发巨型炮弹只打出了3发，随着舱体的旋转，这些炮弹开始猛烈撞击，只要有一发爆炸，就会引起全舰爆炸，"大和号"将粉身碎骨。

　　战舰在急速下沉，就在没入水面的那一刹那，海面形成一个深50米的巨大水窝，许多附近的落水者也被吸了进去。紧接着，弹药舱在水下爆炸，溅起的水柱直冲云霄，几乎要吞噬低空掠过的美机。

　　"大和号"魂归海底，带着伊藤、有贺以及2496名舰员。作为日本海军联合舰队的象征，排水量68000吨的巨型战列舰"大和号"的沉没，标志着联合舰队的彻底覆没，同时也宣告了巨舰大炮主义的彻底破产。

　　由于美军反潜兵力雄厚，警戒严密，日本海军在冲绳海域活动的11艘潜艇未获任何战果，反被击沉8艘。

　　至此，日本海军对冲绳岛守军的支援均告失利。

冲绳岛战役
取得最终的胜利

　　美国陆军第二十四军在冲绳南部地区的进攻非常艰难。因为日军在冲绳岛的主力就部署在南部，而且他们充分利用悬崖峭壁、深沟高谷等险峻地形构筑起坚固隐蔽的防御工事。

　　牛岛满把全部兵力用于依托工事进行坚守防御，给美第二十四军造成了很大困难。所以，美军进展极其缓慢。

正在攻击的坦克

日落激流

　　1945年4月12日，美国总统罗斯福在佐治亚沃姆斯普林斯逝世。美军上至上将司令，下至普通士兵，无不感到震惊和悲痛。尼米兹以太平洋战区全体官兵的名义向罗斯福夫人发去了唁电。日军则乘机大做文章，大肆散播题为"美国的悲剧"的传单，以鼓舞日军的士气。

　　在大本营的一再命令下，牛岛终于发动了反击。日军先以敢死队员怀抱炸药采取自杀攻击方法炸毁美军坦克，再对失去坦克掩护的美军步兵发起冲锋。美军在日军的冲击下，节节败退，死伤将近5000人。此后，凭借后续部队的重炮和海空优势火力才将日军的攻势遏制住。

◆ 空中轰炸

4月19日，美第二十四军3个师从那霸以北约6.5公里处发动大规模进攻。5时40分，海军的6艘战列舰、6艘巡洋舰和8艘驱逐舰先对日军阵地进行猛烈炮击。6时，陆军27个炮兵营对日军阵地进行了长达40分钟的炮击，共发射了19000发炮弹，接着海军和陆战队的650架飞机也对日军阵地投下大量的炸弹和凝固汽油弹。

在这一系列猛烈持续的火力打击后，第二十四军发起了进攻。但日军利用坑道有效躲避美军的轰击，当美军地面部队展开攻击时，他们才出来迎战，因此美军的攻势一次次被瓦解。

日军充分显示了其顽强的战斗意志。每一个山头，每一个碉堡，每一个坑道，甚至每一块岩石，美军都必须经过多次血战，才能夺取下来。激烈的战斗整整进行了5天，美军的进展总共也不过数米。

为了改变这种局面，美军将陆战第一师和陆第六师调到南线加强正面进攻。当美军推进至日军主要防线前的4500米处，双方陷入僵持。

4月24日，美军投入了新型的喷火坦克和重型坦克，终于克服了日军的顽强抵抗。

这些坦克冒着日军的枪林弹雨，碾入日军的战壕，冲入日军的阵地。喷火坦克将凝固汽油射入日军隐藏的山洞和坑道，日军终于支撑不住，其防线逐渐被突破。

牛岛随即在夜色和烟雾的掩护下，悄然组织部队有序地撤往下一个防线。因此，战斗发展成这样一种模式：日军光是凭险死守，接着美军在猛烈火力动摇下取得突破，日军后撤到下一道防线内死守，如此类推，日军的防区逐渐缩小。美军终于在5月27日攻占了那霸，并继续向冲绳岛的首府首里城前进。5月31日，美军突破了日军核心防御地带首里防线，终于取得了重大进展。

海军陆战队攻入了已是一片废墟的首里城，第十军司令巴克纳满心喜悦，以为冲绳首府被占领就意味着战斗即将结束。

但他的想法大错特错了，日军困兽之斗反而更加疯狂！

牛岛率余部后退了约10公里，退到岛南端精心准备的最后防线。这是由

两座山峰构成的天然屏障，地势崎岖险峻，日军充分利用地形，筑有25处隐蔽的炮位和坑道工事。

牛岛决心以此为依托，战至最后一兵一卒。因此，日军抵抗丝毫没有减弱。

美军每前进一米依然非常艰难。对日军更加疯狂的抵抗，美军还以更猛烈的炮火。美军的海陆空密集炮火对日军据守的岛南部几平方公里地区进行了最猛烈的轰击，日军虽然只剩下30000余人，大炮也损失过半，弹药更是所剩无几，但仍是死战不退。

6月17日，美军又投入预备队——陆战第二师。该师一个团在冲绳岛南端的喜屋武岬附近登陆，协同正面和侧翼友军围歼日军。

此时，日军的局势已十分被动，遭到全歼只是时间问题。为了避免不必要的伤亡，巴克纳用明码电报和广播向日军劝降。牛岛根本不为所动，以枪炮射击作为答复。

6月23日凌晨4时，牛岛知道美军即将占领他所在的摩文仁坑道。他脱下军装，换上和服，端起酒杯与身边的参谋——干杯。喝完了最后的诀别酒，他剖腹自杀。

他的参谋长也追随他剖腹自杀，还有一些军官也随之集体自杀。至此，日军有组织的抵抗才告平息。而零星日军的抵抗仍在继续，清剿残余日军的工作一直持续至6月底。

与这些死心塌地的军国主义分子不同，日本普通士兵在战役进入尾声后，有相当多的人放下了武器，这在以前是非常罕见的。

6月15日前两个半月的战斗中，美军总共才俘虏日军300余人，而从6月15日至6月30日，日军不仅有个人或小组投降，甚至还有成建制的部队在军官带领下投降，仅海军陆战队第三军就收容日军投降人员4000余人。

冲绳战役从3月18日美军航母编队袭击九州开始，至6月22日冲绳岛战斗基本结束，共历时96天，其中在冲绳岛上的激烈战斗就有82天之久。

日军包括"大和号"战列舰在内的16艘水面舰艇和8艘潜艇被击沉，约

第二次世界大战太平洋战事

4200架飞机被击落击毁，日军在冲绳岛上的约10万守军，除9000余人被俘外，其余全部被歼，冲绳岛的平民有75000人死伤。

美军有32艘舰船被击沉，368艘被击伤，其中有13艘航母、10艘战列舰、5艘巡洋舰和67艘驱逐舰遭到重创，损失舰载机763架，阵亡13000人，受伤36000人。

冲绳岛战役是美军在太平洋战争中伤亡最大的战役，因此，英国首相丘吉尔认为，冲绳战役将以史诗般的战斗列入世界上最激烈、最著名的战斗，而流传后世。鉴于在战役中所付出的惨重伤亡，美军没有举行大规模的庆祝活动。

冲绳战役和前不久进行的硫磺岛战役，使美军深深明白，如果要在日本本土实施登陆，美军将面对无法估计的疯狂抵抗。

美军参谋长联席会议认为，在日本本土登陆，美军将会付出100万人的伤亡。基于此，美国最终决定对日本使用刚刚研制成功的原子弹，以尽快结束战争。

图书在版编目（CIP）数据

日落激流：第二次世界大战太平洋战事 / 胡元斌主
编. ——北京：台海出版社，2013.8（2021.5重印）
（第二次世界大战纵横录）
ISBN 978-7-5168-0243-4

Ⅰ.①日… Ⅱ.①胡… Ⅲ.①太平洋战争—史料
Ⅳ.①K152

中国版本图书馆CIP数据核字(2013)第188584号

日落激流：第二次世界大战太平洋战事	第二次世界大战纵横录
主 编：胡元斌 严 锴	
责任编辑：姜 航	装帧设计：大华文苑
版式设计：大华文苑	责任印制：严欣欣 吴海兵

出版发行：台海出版社
地　　址：北京市东城区景山东街20号　　　邮政编码：100009
电　　话：010－64041652（发行，邮购）
传　　真：010－84045799（总编室）
网　　址：www.taimeng.org.cn/thcbs/default.htm
E-mail：thcbs@126.com

经　　销：全国各地新华书店
印　　刷：北京九天鸿程印刷有限责任公司
本书如有破损、缺页、装订错误，请与本社联系调换

开　　本：710×1000　　　1/16
字　　数：210千字　　　　　　　　印　张：13
版　　次：2014年1月第1版　　　　印　次：2021年5月第4次印刷
书　　号：ISBN 978-7-5168-0243-4

定　　价：48.00元

版权所有  翻印必究